L'eau de vie

命の水

モンマルトル
――ラパン・アジルへの道

さかもと未明［著］
Mimei Sakamoto

「命の水」

～ラパン・アジル物語～まえがき

「運命」という言葉を皆さんは信じるだろうか？

還暦まであと2年となり人生を振り返ってみると、「あれは運命だったかも」と思う出会いや出来事がいくつもある。2006年に難病の膠原病に罹患し、「余命五年」と言われたことも。今の夫に出会い命を救われたことも。

病気にならなければ私は、生き方を変えようと思わなかったし、医師である今の夫に会うこともなかったろう。漫画家として20年以上暮らしてきた私が、まさか歌手にまでなろうとは。けれど、病気で手が動かなくなった時、歌くらいしかできることが思いつかなかった。

様々な偶然が重なって、運命の糸が結びついたり離れたり。病を境に私の人生は大きく方角を変えた。そして過ごした5年間に与えられた愛の効力か、志を変えた私を天が認めて下さったのか。2013年までに死ぬと言われた私は奇跡的に回復。その年に今の主人と結婚式を挙げ、2017年には画家・歌手として復活できた。

けれど復活へと努力ができたのは、2015年に3人もの親友を失ったせいだろう。あまりの悲しみを乗り越えるため、私は自分を痛めつけるようなリハビリをし、回復した。

「ラパン・アジル」というフランスのモンマルトルにあるキャバレー（昔ながらのシャンソンを聞かせる酒場）との出会いもまた、まさにそんな「運命の必然」だった。

２０１７年2月に画家として再起したが、私の健康状態は不安定そのもの。毎日60錠以上の薬を飲み、薬がきれると立つことも難しい。しかし、デビューさせてくれた画廊の紹介で知り合った画家の先生が、フランスのスケッチ旅行に誘って下さった。画廊も「いい経験になる」と、後押ししてくれた。

主人の賛成も得て私はその年の６月、フランス行きを決める。恐れと希望が半々の一大決心。旅行は約１か月で７月の頭まで予定されていた。しかし、ある行き違いがもとで私は画家の先生と決裂してしまう。私は先生のアトリエからほど近いパリ郊外のホテルから主人に電話。帰りの飛行機を早め、「もしもの時に連絡を」と紹介されていたパリで働く日本人の「太郎さん」に電話した。

すぐに太郎さんと繋がり、「今日は日本から母が来ていて、食事を約束しています。モンマルトルのレストランで母と３人で会いませんか？」と言ってもらった。

太郎さんのおすすめレストランの食事は素晴らしく、私の機嫌はすっかり治ってしまった。そんな私に太郎さんは言う。

「明日が帰国で、今夜しかないなら、この店の先の階段の上にある「ラパン・アジル」に行きませんか？ 未明さんは画家で歌手だからぴったりです！」

「聞いたことあるような……」

「有名な店ですよ、ピカソ、ロートレックなどの画家やアポリネールら文学者が集い、有名な歌手を沢山輩出した店なんです」

興味をそそられたが、ラマルク通りとソル通りの交差点から見上げる階段を最初見て、「この階段は無理」と言ってしまった。けれど「行かなくては」という声が私を後押しする。太郎さんとお母さんも背を押してくれる。急で長い階段をなんとか登りきった私は、遂にソル通りの坂の途中に立つ、大木と蔦に隠された古い建物を見つけた。

「わ、素敵！」

ユトリロなど著名な画家たちがこぞって描いたのも頷ける。ラパン・アジルはまずその美しさで私を虜にした。２０１７年6月29日だ。

店に入り、ピカソの大きな模写作品の前に案内される。店のショーが始まると、私はその迫力に打たれ、鳥肌が立つような感動を覚えた。夢中でクロッキー帳を出してスケッチする間ずっと私は、自分の身体に不思議な温かい水が流れ込む感覚にとらわれていた。薄暗く赤い光に満ちた店内はまるで胎内のよう。１００年以上前の芸術家たちの熱気が残っているように感じた。

「私は何かに導かれてここに来た。私は又ここに来て、あの白髪の店長さんに話しかけるんだ。歌も習いたいし、それから、この店の絵を描こう。私はきっとここで生まれ変わる」

それは妄想だったのかもしれない、でも私には確信と言える妄想だった。大切なのは、夢のような出会いが現実になったこと。数年後に私は、この店の記事を雑誌に連載していた。人生は偶然という点の集合のようなものだと思う。一つ一つには基本的には意味も連続性もない。でも意志を持って点を繋ぎ合わせた時、点は線になり、意味と物語が生まれる。つまりそれが運命を切り開くということではないだろうか。

本当はただの偶然でしかなかったかもしれない。でも、私はラパンに運命を感じ、そのあとは必死で想いを伝え、ドアの中に招き入れてもらえた。そして私は命を長らえ、新しい人生と作品へのビジョンを得た。病気のさなかに主人に出会い、命を長らえたように。

この本では、ラパンとの出会いによって与えられた生きる力、「命の水」を味わった体験を書かせて頂いた。この店の歌や歴史が伝えてきた「命の水」の哲学は、おそらく永遠に繋がっている。たとえ私たちの命が明日尽きるとしても、「永遠」について理解できたら、私たちは絶望する必要はないはずだ。

この本が皆さんの心と人生に、何らかの希望をともしてくれることを祈って……。

ではそろそろ一緒に、モンマルトルの丘へ向かいましょうか。

さかもと未明

CONTENU

「ラパン・アジル」物語

モンマルトルの丘の点描

① ラマルク通り
② ソル通り
③ コーランクール通り
④ モン＝スニ通り
⑤ ギュスティーヌ通り
⑥ ラメ通り
⑦ サン＝ヴァンサン通り
⑧ ラヴィニヤン通り
⑨ ルビック通り
⑩ マルティル通り
⑪ クリシー通り
⑫ ヴィクトール・マセ通り
⑬ マルグリット・ド・ロシュシュアール通り
⑭ バルヘス通り
⑮ コルト通り

❶ クロード・ヌガロ広場
❷ ダリダ像
❸ ムーラン・ド・ラ・ギャレット
❹ 壁抜け男
❺ ラパン・アジル
❻ コタン小路
❼ サクレ・クール寺院
❽ バトー・ラヴォワール（洗濯船）
❾ メリーゴーランド
❿ ムーラン・ルージュ
Ⓐ サン＝ヴァンサン墓地
Ⓑ モンマルトル墓地
Ⓒ 現在のシャノアール
Ⓓ 第2期シャノアール
Ⓔ 第１期シャノアール

MOULIN ROUGE

▲モンマルトルの丘の上にそびえたつサクレ・クール寺院。この前には広場と広い階段があり、パリ市内を一望できる

◀有料だが、300段の階段を登れば、ドームからパノラマの絶景を楽しめる。猛者はどうぞ！

「ラパン・アジル」への道

❖モンマルトルはセーヌ川右岸の高い丘に位置しています。頂には白いドームのサクレ・クール寺院が建っていて、町のどこからでもその姿を望むことができます。鐘の音も聞こえます。

サクレ・クール寺院は1875年に建設が始まり、1914年に完成していますが、その建築中に第三回（1878）、第四回（1889）、第五回（1900）パリ万博が行われ、エコール・ド・パリやベル・エポックという時間がありました。最も活気のある文化がパリを中心に花開いた時代です。モンマルトルは1860年まではパリ市外だったので、酒税などが安く、労働者や

▲コルト通りの行き止まり、モン・スニ通りと交わる所は絶景の階段。近くの水道塔が反対側にそびえる

▶サン・ルスティック通りから見上げるサクレ・クール

▲テルトル広場の一角。似顔絵かきが集まる

▶コルト通り、この先左にモンマルトル美術館

▼ムーラン・ルージュ。第四回パリ万博（1889）の年に開店した。フレンチ・カンカンを芸術の域にまで発展させたと言われる饗宴の場所

売春婦など社会的に低い収入や階層に甘んじる人々の他、若いボヘミアン・アーティストなどが集っていました。

　ある意味最も活気のある人種が集っていたと言うことができるかもしれません。そんな狂おしいまでの熱気のるつぼの中、このモンマルトルでは多くの才能が花開き、アートのムーヴメントが起きていったのです。

サクレ・クール寺院前の広場から見下ろすパリは絶景。夜も又美しい

▲コーランクール通りとの交差点から見たソル通りの階段。この急な階段を登りきると、ラパン・アジルがみえる

▲丘の麓、ラバンからほど近い通り沿いにある「クロード・ヌガロ広場」

モンマルトルの丘から
パリを望む

❖「画家たちは昼間仕事をして、夕方にシャ・ノアールあたりで合流し、一杯飲んでからいい気分で丘の上のラパンに向かったことだろう」
（本文36ページ）

「モンマルトル」さかもと未明

“Montmartre”（2020）。同年、日本・フランス現代美術世界展に入選

我らがラパン・アジル外観。ソル通りとサン＝ヴァンサン通りの交差点にある

▲オレンジに塗られた外壁は、かつては白かった

◀アンドレ・ジルによる看板。この看板が「ジルのウサギ　Lapin à Gill」から「足の速いウサギ Lapin Agile」と呼ばれて親しまれ、新しい客層を呼び込んだ

▲ユトリロやマルセル・カルネなど著名な文化人が多く眠るサン＝ヴァンサン墓地、イヴさんの家族のお墓もある

▲モンマルトルに唯一残るブドウ畑

▲ユトリロの墓

▶イヴさんの家族のお墓。イヴさんのお母さんのイヴォンヌ、その夫ポーロ。そして2017年に先立ってしまった愛妻マリアが眠る

❖20世紀初頭、丘の上のラパンには、若い画家、詩人、作曲家といった永遠のボヘミアンたちが集い、身をアブサンの酔いとシャンソンの調べに委ねて、享楽の夜を過ごしました。ピカソ、アポリネール、モディリアーニ（本文26ページで詳述）……その饗宴のるつぼから、生と死を超えていくような新しい芸術が彫琢されていきます。

ラパンはブドウ園と墓地に近く、「ワイン（ブドウ園）＝痛飲暴食（ラパン・アジル）＝墓場という、人生のトリアーデを象徴しているかのようである」（ミシェル・ダンセル『パリ歴史物語』）……と描写される絶妙な場所に位置しています。

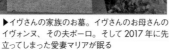

ラパンのドアオープン。イヴさんの次男ヴァンサンがフロアを取り仕切り、手際よく会計、席への案内をしてくれる

イヴ・マチューかく語りき

エコール・ド・パリの誕生を見つめた

「ラパン・アジル」物語

文／さかもと未明

AU LAPIN AGILE

第1幕……… 伝説の店の夜明け

「さあ、次に登場するのはフレデリック・トマ。彼にはギョーム・アポリネールの詩を歌ってもらいましょう。かの偉大な詩人は、ここ『ラパン・アジル』の常連でした。彼はないのでした。1900年初頭にそのテーブルにいて……。あなたがいるそこです。当時と何も変わっていない。ピカソやロラン・ドルジュレス、フランシス・カルコ、ピエール・マッコルランらと共に、彼はそこにいました。常連芸術家のすべての名を挙げるのは不可能です。そのくらい沢山いた。そんな時代を思い起こせるよう、今宵はアポリネールの詩を音楽に乗せて聞きましょう。レオ・フェレ（フランスの著名な音楽家・歌手。彼もラパンで歌っていた）によって曲をつけられ、歌となりました。さあ聞いてください、『ミラボー橋』‼」

ラパン・アジルの主、イヴ・マチューが滑らかに語る。声には深みと説得力。92歳だというが、70代くらいに見える。その声が素晴らしいのも道理、彼はパリ国立高等音楽院《コンセルヴァトワール》出身。フィリップスなど大手レコード会社所属の歌手でもあった。

イヴがホール入り口へ手を向けるとスポットライトが灯され。古びて擦り切れた入り口のカーテンが、突如見事な緋色に輝く。赤いカーテンの襞《ひだ》の間から背の高い男性歌手が現れた。イヴの息子、フレデリック・トマだ。イヴが手塩にかけて鍛えた息子の声は太く豊かで、「ミラボー橋」をドラマチックに歌い上げる。マイクなど使わない。全て昔のままだ。約40人で一杯になる店が、人間という「生」の楽器から発せられる心地よい波動で満たされた。

店内はほの暗い。天井から吊るされた二つの大きなシェードランプの赤い光に照らされる観客の顔は幸福そうでもあり、過去を悼んでいるようでもある。１００年前の観客たちも同じような顔で歌を聞いていたのだろう。

２０１７年の６月、私はこの店を初めて訪れ、忽ち虜になった。以来訪問を続け、２０１９年から取材を始めた。ここラパン・アジルには、古き良きベル・エポックの時代の香りがある。それは19世紀末のパリ万博頃から第一次世界大戦までの、パリが最も繁栄した華やかな時代だ。その時代にこの店で出会った若き才能が、フォービズムやキュビズムなどを生み出し、やがて「エコール・ド・パリ」といわれる画家たちが活躍した、１９３０年代まで続く大きな芸術の波を作っていった。

その時代の主な芸術家たちが集ったのがモンマルトルであり、「ムーラン・ルージュ」、「シャ・ノアール」、そして「ラパン・アジル」だ。やがて芸術家たちの多くはモンパルナスに移ったが、最初の才能の爆発がモンマルトルの、殊にこの店から起きたことは間違いない。

現在掛かっているのはレプリカだが、店内には、ピカソがこの店にプレゼントした《ラパン・アジルにて》と題された絵がある。ユトリロも何度もこの店を描いた。現在の店のパンフレットに使われている絵はユトリロの母であるシュザンヌ・ヴァラドンと親しかった画家、ガジー・イグナ・ギレイの作品。ユトリロとも交流があったろうから、画風が似ているのも頷ける。この店の存続に大きく寄与した著名な歌手、アリスティード・ブリュアンを描いたロートレックのポスターも飾られている。黒いつば広帽をかぶり、赤いスカーフの男性を描いた作品といえば、思い当たる人も多いだろう。

そんな偉大な芸術家たちの残した当時のパワーが、店内には今も感じられ、当時から観客を見つめている。イギリス人作家レオン・ジョン・ワースレイによるキリストの磔刑像《たっけいぞう》は、今にも動き出しそうな迫力だ。

それほど重要な店にもかかわらず、日本ではあまり知られていない。私がこの店について書きたくなったのはそれ故だ。モンマルトル美術館に行けば、どれだけこの店が当時の芸術家たちと密接な存在だったかがわかる。エコール・ド・パリについて語るなら、ラパン・アジルを抜きに語ることはできない。

ラパン・アジルの歴史

ラパン・アジルは、モンマルトルの丘の頂上近くにある。このキャバレーが建つ土地の最初のオーナー、モンロワ夫婦がこの地所を買ったのは１７９５年。フランス革命勃発から6年後の総裁政府が成立した年、すなわちルイ16世とマリー・アントワネット処刑の2年後で、ナポレオン台頭より少し前だ。当時この辺りには葡萄畑や麦畑があるだけだった。その後、統領政府、帝政、復古王政と政情不安が続いたためか、夫婦はこの土地を30年も放っておく。やっと今の建物が建てられたのは１８２５年、シャルル10世の治世である。最初は住居だったが、やがて運送業者や行商人のための、食事を出す居酒屋に改装された。その頃、ここは治安の悪い場所で、道路は舗装もされておらず、暗くて売春や犯罪が多い場所だったらしい。当初店は「泥棒の待合（Au Rendez-vous des voleurs）」と呼ばれていた。

それでもこのエリアに人が集まったのには理由がある。１８６０年より前、モンマルトルはパリ市外だった。それゆえ酒税が低く抑えられ、安い酒が飲めたため、芸術家や旅人が集まったのだ。だが、そこに目をつけた政府の方針で、１８６０年にパリに併合され、モンマルトルはさらに発展していった。

サルツ夫妻が１８６9年にオーナーになってからは「殺し屋のキャバレー（Le cabaret des Assassins）」と呼ばれた。壁中に殺人者の肖像や、犯罪に纏《まつ》わる版画が飾られていたのだ。

これらの作品は現在、モンマルトル美術館に収蔵されている。

しかし1879年にアンドレ・ジルという風刺画家が、何ともかわいらしい看板を描いた。帽子をかぶり、赤い帯を巻いたウサギが、ワインのボトルを手に片手鍋から飛び出している絵だ。今も使われるその看板が「ジルのウサギ（Lapin à Gilles）」と評判になり、やがて「足の速いウサギ（Lapin Agile）」というニックネームで親しまれるようになったのが、今の店名の由来だ。そしてこの看板が転機を招いた。今までとは違うタイプのオーナーを呼び寄せたのである。

1883年にジュル・ジュイという女性がこの店を仕切るようになり、ロドルフ・サリスによるキャバレー「シャ・ノアール」の人気歌手、アリスティード・ブリュアンが芸術家を引き連れてラパン・アジルの常連となる。その中にはロートレックやゴッホがいた。いよいよベル・エポックの文化が花開く土壌が形成され、登場人物が華やいでくる。

1886年にはカンカンの踊り子だったアデル・デュセルフがこの店を仕切るようになり、「Lapin Agile」は正式な店名に、店はより家庭的になった。彼女は質の高い料理を提供。また、土曜の夜と日曜の昼に、食事つきのコンサートを開き、それが人々の心をつかむ。泥棒や殺人者の時代は終わった。そして1889年のパリ万博を目前に社会が盛り上がっていく。万博の年、赤い風車を看板代わりに取りつけた「ムーラン・ルージュ」がオープン。モンマルトルの文化を代表する店が大体そろうことになる。この他にルノワールの絵で有名な、やはり風車のついた「ムーラン・ド・ラ・ギャレット」がある。ただしこちらは本物の風車小屋だったのを改装して作られた。

この少し前、ラパン・アジルに纏わる重要人物が産声を上げていた。冒頭で触れたアポリネールは1880年生まれ。ピカソは1881年、ユトリロは1883年生まれ。ロートレックは1864年生まれで、彼らよりだいぶ年上だが。そのほか、1869年生まれのマティスや1884年生まれのモディリアーニも、ラパンに足を運んだ画家だ。1841年生まれのルノワールは既に画家としての円熟期を迎えていた。彼のモデルだったシュザンヌ・ヴァラドンも、後に画家となり名を成した。

画家たちが出入りする店に

1989年のパリ万博から11年後、ラパンの歴史上もっとも重要な「フレデ爺さん（Père Frédé）」こと、フレデリック・ジェラールがモンマルトルに現れる。フレデは1860年生まれ。行商人だった彼は、モンマルトルの洗濯船（画家たちがアトリエ兼住宅として住んでいた集合住宅）に出入りして、ピカソと懇意になった。ピカソは当時この集合住宅に出入りしていただけだが、のちに入居もしている。フレデはパリ郊外に家庭を持っていたが、画家になると志して離婚。1900年に洗濯船からほど近い「ジュット」という店を買い取って移り住み、歌のうまい店主として人気を博すようになったのだ。この時40歳。弱冠20歳のピカソがパリにやってきたのがやはり１９００年だから、主要人物が運命のように同じ頃にモンマルトルに集まって出会い、短期間のうちに親しくなって、いきなり人生が変わったということになる。

フレデはジュットの仕事の合間にラパンにも歌いに来たのだろう。アデル・デュセルフの後を継いで１９０２年から店を切り盛りしていたベルト・セルブールスという女性と親しくなり、１９０３年からはベルトやその娘のマルゴと共に、ラパン・アジルの手伝いをするようになる。ジュットはいろいろな問題も起き、閉めたようだ。フレデが来たことで、ラパンは芸術家の溜り場となった。

ラパンの絵を多く残したユトリロは、巷間に知られるようにアルコール依存症だった。モデルの仕事で帰らない母を恋しがってぐずるユトリロを眠らせるため、祖母が幼少期からアブサンを与えていたらしい。何度も警察沙汰を起こし、精神病院にも入院。絵はその治療のため、10代の頃に始めた。フレデの時代に常連だったと聞き、「ラパンでは暴れたり、出入り禁止になったのですか?」と、イヴに聞いた。イヴは「non」と答える。「彼は確かにひどく酔った。が、酔うだけで心の優しい人物だった。自力で帰れなかったので、シュザンヌが迎えに来たり、フレデの息子のポーロが家まで送った」と言う。

ユトリロとシュザンヌの家は、ラパンからソル通りの坂を上がってすぐ。彼のひときわ立派な墓も、ラパン向かいのサン＝ヴァンサン墓地にある。この店で沢山の優しさに出会ったからこそ、ユトリロは数えきれないほどのラパン・アジルの絵を描いたに違いない。

第2幕……

フレデ爺さんの時代

1902年ラパン・アジルの店主であるアデル・デュセルフがビユ・シャレーを開店、ラパンを去った。その後を引き継いだのが、ベルト・セルブールス。ベルトは娘のマルゴ、使用人のロロットと店を切り盛りした。当時ルクという夫がいたが、後に共にラパンを営むことになる「ある男」と出会ったため、別れたらしい。

ベルトがラパンの経営を始めた頃、店の前のソル通りを上って、坂の頂上を右斜め下に降りていったところのラヴィニヤン通りに、ジュットという店があった。その店の主だったのが、やがてラパン・アジルの「フレデ爺さん」として伝説を作る、フレデリック・ジェラールだ。ベルトはフレデに惚れ込み、ジュットに通いつめて自分の店の経営に巻き込んでしまった。夫とは既に別居状態だったのか、追い出したのか。いずれにしても、彼女は激しい性分だったのだろう。

フレデはジュットの時から「歌のうまい店主」と評判で、店にはアーティストだけでなくアナーキストの出入りも多かった。一般の客が入りにくかったようで、経営はずっと赤字だったそうだ。さらに1902年、店内で大きな喧嘩があり、警察の手入れで営業停止に。そんな事件も、フレデをラパンへと導いたのだろう。ジュットを経営していた時、既にフレデはピカソと親しく、店の壁に《聖アントニウス》など2点を描いてもらったそうだ。現存しないのが惜しまれる。

フレデとベルトはかくして、ラパン・アジルの伝説的なカップルに。2人は入籍こそしなかったが、フレデが前妻との間にもうけた6人の子供のうち、長男のヴィクトールと次男のポーロがラパンを手伝い、フレデは老後、ベルトの娘のマルゴのもとに身を寄せている。家族仲は良かったに違いない。

フレデは色男とは言えないが、大変魅力的だったようだ。誰に対しても「きみ」と呼びかけ、相手の心を和らげる天才。夜はジュットを営み、昼間はかわいがっていたロバのロロの背に籠をつけ、魚や野菜、氷の行商をして有名になったとか。顔の下部を覆う長いひげ、動物の皮のチョッキに古いサボ（木靴）かブーツ。頭には毛皮のとんがり帽。一目見たら忘れられない風貌だが、話せばとことん優しく、有名な人気者になるのも無理はない。

相方のベルトも大変気前がよく、貧しい人たちにサンドイッチを無償で振る舞うなどして人気だったそうだ。娘のマルゴは、ピカソの名作《カラスと女》のモデルも務めたやせ型の美人。そんな3人の笑顔が満ちあふれる店に、芸術家や多くの客が集まったのは自然なことだったろう。しかし、ともかくもフレデの人気は絶大だった。

ラパンの店主となってからも、フレデの動物好きは変わらず、店の庭でロバだけでなく、ニワトリ、犬、ネズミ、ヤギ、サル、大きなカラスなどを飼って「ノアの箱舟」と言われていた。このカラスがピカソによって描かれたのだろう。

フレデは天気が良ければテラスで、悪ければ店内でカクテルを売った。アブサン（ニガヨモギなどの薬草系リキュール。主成分のツジョンに向精神作用があるとされ、ロートレック、ユトリロ等が中毒だったとされる）も人気だった。アブサンはのちに販売が禁止され、ラパンでも取り扱いを止めた。現在は、当時から「命の水」と呼ばれて愛されてきた、桜桃漬けの酒を楽しめる。美味だがレシピは秘密だそう。

土曜の夜と日曜の昼、ラパンでは、フレデが中心になって歌を披露する宴会が行われた。フレデはフランソワ・ヴィヨン（15世紀フランスの詩人）などの古い詩から、当時の流行歌手、アリスティード・ブリュアンのレパートリーまで幅広く歌った。「Plaisir d'amour（愛の喜び）」や「Le Temps des Cerises（さくらんぼの実る頃）」も愛唱歌。「さくらんぼ……」は、ラパンの現店主、イヴ・マチューの愛唱歌でもあるし、「愛の喜び」は、イヴの亡き愛妻、マリア・テレサが好んで歌った。それらの歌が、家族の歴史の記憶になっていった訳だ。

芸術家たちが常連に

フレデとペルトが切り盛りするようになってからのラパンの常連は、錚々《そうそう》たるものだ。ピカソ、マティス、アポリネール、フランシス・カルコ、アンドレ・サルモン、ヴラマンク、モディリアーニ、セリーヌ、ユトリロ、エリック・サティ、ピエール・マッコルラン。そして忘れてならぬアリスティード・ブリュアンはフレデの時代以前から足繁く通い続けている。

ユトリロは繰り返しラパンを描き、ピカソは、《ラパン・アジルにて》を残した。そこにはピエロに扮したピカソの自画像と友人ジェルメーヌ、その奥にギターを抱えたフレデが描かれている。今はレプリカが掛けられているが、この作品は店内に飾られたたくさんの絵画の中心的存在だ。

ピカソはこの絵を1905年にフレデにプレゼントした。「青の時代」の作品とする分類もあるようだが、画面に青は目立たず、強い赤と太い描線が印象的だ。この年からの「薔薇色の時代」とも異質で、〝青〟と〝薔薇〟の過渡期にある重要な作品だと言えるだろう。

1910年から1914の第一次世界大戦開始まで、この店の歴史は悲喜こもごもだ。1910年、悲しい事件が起きる。フレデの長男ヴィクトールが店を訪れた暴漢に突然撃たれ、死亡した。その時の弾痕が、今も店の入り口天井に残る。

同年、この店の常連、ロラン・ドルジュレスが他の客たちと共に有名な悪ふざけを行った。フレデの愛するロロの尻尾に絵具をくくりつけ、ニンジンなど好物の野菜を与えて尻を振らせ、その尾先の絵筆にカンヴァスを近づけて、一枚の絵を仕上げたのだ。フレデはこの提案を最初は嫌がっていたが、ドルジュレスに強く押されてしぶしぶ承知した。これは、ピカソのキュビズムをはじめ、当時アヴァンギャルドとされていた絵をくさす試みだったからだ。ドルジュレスとピカソは友人ではあったが、絵に対する態度は相いれなかった。

ロロに描かせた絵には「アドリア海に太陽は沈みぬ」とタイトルがつけられ、新たな流派「過剰主義」の作品として、その年のアンデパンダン展に出品された。ピカソらの絵と違和感なく並んで展示され、大好評。買い手がついたほどだった。やがて「ロバが描いた絵」と公知され大ニュースになった。ドルジュレスは、ピカソらの描いているような絵が、「ロバでも描ける絵」だと証明することに成功したわけである。普通ならそこで、ピカソとフレデの関係にひびが入りそうなものだが、2人の親交はその後も変わらなかったようだ。おそらくドルジュレスとピカソの関係も。つまり、自由に意見を戦わせる土壌があったのだろう。

ラパン閉店の危機？

1912年は、画家たちが古典と前衛にはっきり分かれた変化の年だった。マルゴとマッコルランが結婚をしたのもこの年だが、もう一つ大きな話題がある。フレデが、前述のピカソからもらった大切な絵を、バレエ団のダンサーに強く請われて二束三文で売ってしまったのだ。ピカソは「売るのが早すぎる」と言ったそうだ。この絵は1989年に約40.7億ドルで落札され、今はメトロポリタン美術館に収蔵されている。

翌1913年、ラパンに危機が訪れた。道路拡張に伴う地上げがあり、フレデ一家とは別にいた店のオーナーが、店を取り壊して土地を売りたいと言い出したのだ。これを止めたのが、アリスティード・ブリュアン。彼はロドルフ・サリスが手放した「シャ・ノアール」を買い取って「ミルリトン」と名を変えて開店し、経営者として成功していた。ラパンを愛していた彼は、土地ごと店を買い取り、フレデが経営を続けられるようにした。だから今も店のあちこちに、ブリュアンの肖像がある。

忙しかった1912年から2年後、1914年に第1次世界大戦が始まった。フレデの次男のポーロも徴兵されて従軍し、捕虜に。しかし彼はドイツ兵の命令に従わず、労働を拒否して懲罰房に入れられた。1918年の終戦後、帰還したポーロからこの話を聞いたブリュアンは、大いに感激したという。即ち「ドイツ軍に屈しなかったことは誇り」だと。

ブリュアンの息子は、第1次世界大戦で戦死。ラパンを所有していても遺す相手がいないブリュアンは、「ポーロの心意気を見込んで」、自分が買った当時の値段で、土地をポーロに売却したいと申し出た。(購入した時より地価は上昇していたが)。1923年、ポーロはローンで土地と店を買った。

かくして、彼はラパンの歴史上初めて、アーティストでありながら正式な店の所有者兼経営者となったのだ。身一つでパリ郊外からやって来た行商人フレデは、芸術への愛と、様々な出会いの果てに、歴史に残る名店の所有者の父となった。フレデ自身は何も持たなかったが、モンマルトルに芸術の花を咲かせる一翼を担ったと言ってよいだろう。

1927年には、マルゴの夫になったピエール・マッコルランの小説『霧の波止場』が刊行されて、1938年にはジャン・ギャバン主演、マルセル・カルネ監督で映画化され、世界的ヒット。実は映画の舞台となった海辺の酒場のモデルは、ラパン・アジルである。マルセル・カルネが海辺と霧に拘ったため海辺でロケをしたが、映画の中の店内はラパンによく似ている。

翌1928年、将来のオーナーとなるイヴ・マチューがボルドーで誕生。1929年には世界恐慌が起こり、その後、世の中は第2次世界大戦に向かっていく。エコール・ド・パリの潮流も急激に失速していった。

フレデはヴィクトールの死後だんだんに覇気をなくし、いつからかロロとともに、マルゴとマッコルランの別荘があったパリ郊外のサン＝シール＝シュル＝モランの地に身を寄せていた。ある日ロロが池にはまって死んでいるのが見つかり、「モンマルトルから遠く離れた辛さに自殺した」と噂されたという。

第2次世界大戦前の1938年、フレデもまた、エコール・ド・パリを生んだ芸術の女神が去るのと共に、この世を去る。忍び寄る戦争を見るつもりはないと言いたげなその最期は、平和と芸術を愛し抜いた彼らしいものだった。

第3幕……

ポーロからイヴへ託されて

「フレデ爺さん」が死去した1938年、現在の店主イヴ・マチューの実母で歌手のイヴォンヌ・ダルルが、オーディションを受けるため、ラパン・アジルのドアを叩いた。

彼女はこの時36歳。前夫のロジェ・トマと離婚したばかり。当時12歳の長女リリアンと、2歳下の長男イヴがいたが、パリで歌手になろうと決意。しかし、子供を抱えてのパリでの歌手生活は難しい。イヴはパリ近郊のソーという町の学校の寄宿舎に入り、姉は父方の祖母のいるボルドーのトマ家に預けられた。イヴが母の姓「ダルル」や後に継父となったポーロの姓「ジェラール」ではなく、「トマ」を本名とするのは実父の姓を受け継いでいるからだ。

さて、1938年当時、パリの有名店であったラパンのオーディションに挑んだイヴォンヌの緊張はいかばかりだったろう。彼女がオーディションを受けたのは、極寒の2月。当時すでに店主だったポーロは、ヴェルレーヌの詩にレイナルド・アーンが曲をつけた「D'une prison"（監獄にて）」を彼女に歌わせた。これを見事に歌い、イヴォンヌはラパンの歌手となる。そして瞬く間に売れっ子となった。毎晩客からアンコールをもらい、自然で温かい声、純粋な歌い方で聴衆を魅了した。美しく気品のある彼女は、太古の女神のようだったという。

彼女は当時作るのが大変だったレコードも出し、賞も取った。もっと華やかな場所に動くこともできたろうが、そうしなかった。出会いから10年後、イヴが20歳となった1948年に、イヴォンヌとポーロは結婚する。イヴォンヌがラパンに来てから10年間の半分以上は第2次世界大戦中。パリは1940年から約4年、ドイツ軍に占領された。ゲシュタポ（ドイツの国家秘密警察）が密告を推奨し、人々が疑心暗鬼の極みを経験した時代だ。国家「ラ・マルセイエーズ」を歌うことも禁止され、BBCを聞くと逮捕。ユダヤ人は強制収容所行き。そんな時代に、信じ合える仲間同士が寄り添って過ごせるラパンという場所は天国だっただろう。イヴォンヌは広い世界での成功より、ラパン・アジルに幸福を見出し、終の棲家としたのだと思う。

イヴは、イヴォンヌがポーロと再婚するまでずっと寄宿舎暮らしで、いつも寂しかったそうだ。そんな中で音楽学校を志したのは、母への思慕か、己の才能が自然に欲したのか。イヴはフランスの南西部、スペインに近いバイヨンヌの高校に通いながら、未来を音楽の道へと定めていった。

1945年、17歳の時に第2次世界大戦が終わる。高校を卒業し、マルセイユでバカロレア（大学入学資格）を取得。20歳から22歳まで兵役を務めた後、1年に30人しか入れない難関の、コンセルヴァトワール（パリ国立高等音楽院）への入学を果たした。昼間は学校でシャルル・パンゼラ教授について正統的な声楽を学び、夜はラパンで歌う生活が始まった。

イヴが語るポーロの思い出

母イヴォンヌと結婚し、イヴの継父となったポーロは、イヴに店のマネジメントを教えてくれたそうだ。ポーロにとってイヴは「連れ子」。一見垣根がありそうだが「ポーロは優しくて、最初から好きになった」とイヴは言う。

「ポーロはまるで古い船の船長のようだったね、そう、ラパンはまさに古い船なんだ」

イヴはそう言って目を細める。

「ポーロがラパンのオーナーになった時は、既にフレデのおかげで素晴らしい歴史が作られていた一方で、大恐慌、第2次世界大戦に見舞われ、店を続けていくのは困難の極みだった。でも、店を買い上げて守り、ポーロに譲ってくれたアリスティード・ブリュアンから『何があってもこの船を沈めるな。伝統の灯を消すな』と言われていた。ポーロはどんなに経営が困難でも、決してラパンを閉めなかった。他の多くの伝統あるキャバレーは、この頃に泡と消えていったがね」

ラパンはそれからも、若手や無名の芸術家をサポートする伝統を守り、さらなる才能を輩出した。チャップリンが「ティティーヌを探して」をラパンで聞いた（映画『モダン・タイムス』（1936）のなかで歌われる）のはフレデの時代だが。「待ちましょう」で成功を収めたリナ・ケティは1934年からラパンで歌っていた。こちらはポーロの時代だ。アポリネールの詩「ミラボー橋」にレオ・フェレが曲をつけたのは1952年。彼はまさに戦後〝アプレ・ゲール〟時代の申し子と言ったところか。大ブレイクした「Avec le temps（時の流れに）」は1970年。2曲とも今もラパンで歌われている。1916年生まれのフェレは2歳下のジャン＝ロジェ・コシモンと気が合い、「Nous Deux（ふたりで）」「Monsieur William（ムッシュ・ウイリアム）」などの名曲を生み出している。取材中にわかったことだが、イヴとジャン＝ロジェ・コシモンは従兄弟だ。フェレより1歳上のエディット・ピアフも、モンマルトルに住んでいた時代はラパンで歌ったという。1924年生まれのシャルル・アズナヴールは常連客。彼のレコード・デビューをピアフが手伝ったそうだ。

忘れてならないのは1928年生まれであるイヴの、歌手としての活躍だ。70年近くにわたってラパンの花形歌手を務めている。ちなみにイヴと同年のセルジュ・ゲンスブールは、画家を志していた頃に店に出入りしていたが、残念ながら歌手としては出演していない。1929年生まれには、ギタリストのアレクサンドル・ラゴヤと歌手のクロード・ヌガロがいる。コシモンを師と仰いでいたヌガロは1954年にラパンで詩の朗読を始め、翌年、歌手デビュー。後年、文化功労章を受章した。

これだけの才能の塊を輩出した秘密は何だろう。イヴに尋ねると「実際、多くのアーティストがラパンでの経験を経て有名になっている」と身を乗り出した。

「彼らは有名になった後、必ず言うんだ『人生の中でとても豊かな時間をラパンで過ごせた』とね。彼らは若くて、夢や希望を持つことも自由だった。そして、何よりここは彼らにとっての『学校』だったんだ」

「学校?」

「カナダの、あるライターが言った。『キャバレーは最高のアートの学校だ。人々は学校では教えてもらえないことを歌手から学ぶ』とね」

シャンソンの歌詞は大人っぽかったり少しシニカルだったり、エスプリが利いていて、恋愛や失恋、別離の悲しみなどを歌い、人生のあらゆる場面を追体験したり想像したりできる。

確かにそれらは学校では学べない真実だ。

ラパンを包む居心地の良さ

「ところで、毎晩同じような曲目を演奏し続けることには飽きませんか?」

正直に聞いた私に、イヴは答えた。

「退屈なんてない。出来事は似ているようでいて、必ず少しずつ違っている」

普段ディスコに行くような人でも、ラパンに来る時は何か自然なもの、健康的なものを探しに来るしね、とイヴ。

「なぜ自然で健康的かというと、ここにはマイクがない。複雑なライトやうるさいスピーカーもない。全てが自然のままだ。そこに音楽の本質、抽出物がある。普段の私たちの生活は人工的なものに囲まれているけれど、ラパンにそんなものは何もない。だから皆くつろげるし、演者と客でパワーの交感もできるんだ」

私も初めてここに来てピカソの複製画の前に座った時、何とも言えないパワー。癒し、再生の力を感じた。ラパンは胎内に似ているかもしれない。だから、この暗がりで、私たちは再び生まれ変わる力を授かる。

モンマルトルという土地にも特別な力を感じる。このあたりの芸術家のアトリエと、彼らが通ったキャバレーやカフェなどの店は、どこも歩いて行ける距離だ。画家たちは昼間仕事をして、夕方にシャ・ノアールやwepler あたりで合流し、一杯飲んでからいい気分で丘の上のラパンに向かったことだろう。丘を上がったり下ったりで体も丈夫になる。死にたくなったら丘の頂のサクレ＝クールに向かい、パリを一望して気を取り直すこともできるし、丘の麓から頂きを見上げ、成功への野心を燃やすこともできたろう。パリの人々がモンマルトルを愛情込めて「La BUTTE（ビュット・丘）」と呼ぶのは、この心地良さゆえではなかろうか。私自身は持病があり、東京でほとんど歩かない。だが、運動靴でないと歩きにくい石畳の道なのに、モンマルトルでは楽しく歩ける。不思議だ。

そういえばローマも丘がたくさんあり、町の中心部は一日で歩ける距離だ。人間の身体にちょうど良い「自然」な町のサイズ感が芸術家に力を与えたと言ったら、私見に過ぎるだろうか。

「今までも何度も難局を乗り越えてきたラパンは、歴史的な遺産だと思います。今はコロナ禍で大変ですが、世界中がそうですし、何としても踏みとどまってくださいね」

私が言うと、イヴはあえて明るく答える。

「もちろんだ。店がずっと続いてほしい。ただこの先のことは〝神のみぞ知る〟だが……」

店の経営が相当厳しいのは事実だ。1回目のロックダウンからこの1年間、夏場の数か月を除いてほとんど営業できずにいる。2回目のロックダウンは1回目より状況が緩和されるかと思いきや、夜間の外出禁止が午後9時という当初の予定から8時、6時と繰り上がり、結局、カフェもレストランもシアターもみんな閉まっているという異常事態は変わらない。当然キャバレーも営業できない。夜間のみ営業禁止の時は、長男のフレデリックがマチネー(昼のコンサート)を企画し、次男のヴァンサンは食事を出して客を呼び込もうとキッチンの改造までした。しかし2021年3月現在、昼さえ営業できず、この状況に終わりは見えない。ワクチン接種の効果が出てくるのを待つのみだ。

なぜかこの冬、店先の樹齢数百年の大木が枯れた。正直、それを聞いて私は大きなショックを受けた。今年はむしろ暖冬なのに、大木が枯れるなんて、よほどのことだ。しかしイヴは笑う。

「深刻になっても事態がよくなる訳じゃない。楽観主義者でいようと思うよ。新しい木を植えることにしたんだ」

そうだ。シャンソンから生まれた哲学に、私たちは勇気をもらおう。大木が朽ちても泣くのでなく、これから育つ木に夢を託そう。こんな時に植樹するラパン・アジルは、きっと新たなエネルギーを得て次の時代へと生きのびてゆくに違いない。

第4幕………

イヴの華やかなキャリア

この原稿を書いている現在も、前代未聞のロックダウンが続き、店のドアは閉まったままだが、元来のラパン・アジルの開店は21時。でも、その時間に店に着いたのでは遅い。30分ぐらい前から開店を待つ人の列ができ始めるので、訪ねる際は早めに行って並ぶことをお勧めする。なぜなら、開店早々に披露される1曲目から聞かないと、ラパンのパフォーマンスの完成度を楽しめないからだ。

店に入ると、次男のヴァンサンが手際よく観客を席に案内してくれ、その時すでにラウンジ風なピアノ演奏が始まっている。席が埋まる頃、歌手たちも中央のテーブルにぞろぞろと集まってくる。突如、ピアノのテンポが変わる。すると、まるでおもちゃ箱をひっくり返したかの如く、賑やかなパフォーマンスが始まるのだ。

そして6~8人の歌手たちの合唱からなるメドレーに至ると、一瞬で店は活気に満ちた劇場になる。古いフランスの民謡とシャンソンを組み合わせた実に素晴らしメドレーだ。その迫力に圧倒されていると、次は一組の男女が突然立ち上がって言い争いを始める。「これは芝居? それとも……?」と、とびっくりして見ていると、そのうち平手打ちが飛び、こちらが飛び上がってしまう。畳み込むような掛け合いが続き（フランス語なので内容はわからないが、臨場感があって面白い）、絶妙な合いの手とともに次の曲。どうやら喧嘩はパフォーマンスだったようで、安心するやら、一杯食わされたと苦笑するやら……。そんなメドレーとコントの後は、スター歌手たちが本格的なシャンソンを披露――といった具合で飽きることがない。

イヴ、アメリカへ

この圧巻のステージとメドレーを、１９８０年に作り上げたのが、現在の店主イヴ・マチュー。今回は彼の人生に焦点を当てよう。

イヴは１９２８年に父ロジェ・トマと母イヴォンヌ・ダルルの間に生まれた。イヴォンヌは美しく才能ある歌手。ロジェも大変なハンサムで、常に周りに女性がいた。

「彼は3回も結婚している。魅力的で優しかったが、浮気が止まらない人で、私が10歳、姉が12歳の時に母と離婚した。でも、家族一緒にいた時は楽しかったよ」

インタビューをしていると、孫娘のソフィアが学校から帰ってきて、イヴに挨拶に来た。私にもキスしてくれる。孫娘を膝にのせて頬ずりし、言葉を交わすさまは、まさに好々爺。3世代が同居する大きな家の主そのものだが、歌のことになると途端に厳しくなる。インタビュー中に何度も、私が資料用に録音したライヴの音源を再生して聞きたがった。自分や息子の歌がうまくいっていればご機嫌。問題点を見つけると急に険しい顔をし、長男のフレデリックに電話をかけて意見を述べる。良い歌を届けたいとの思いが、24時間途切れないのだ。

イヴはコンセルヴァトワール入学を機にラパンでも歌い始め、卒業後は1956年（当時28歳）から、『ミニー・ムスタッシュ』というミュージカルに出演。その後「レ・コンパニオン・ド・ラ・シャンソン」というメジャーなバンドと組み、劇場『ゲテ・リリック』で公演。1958年からは、『フォリー・ベルジェール』という人気劇場と契約。「なんて馬鹿な（Quel Folies）」というレヴューのリーダー兼歌手を務めた。1960年にはカナダに渡って歌う。その後、1961年5月11日、イヴはアメリカの有名エージェント「CAC（Central Artist Corporation）」と、ニューヨークで契約をする。

ここからのイヴのキャリアは、ドラマと波乱に満ちている。当時の媒体露出の切り抜きがストックされているが、実にハンサムな若者であり、一流の舞台で歌っていたのがわかる。まさに歌手の花道をイヴは歩いていた。

ニューヨークでは『ラジオ・シティ・ミュージックホール』などで歌い、その後リノの『ゴールデンホテル』と6か月の契約。ところが順風満帆だった日々が揺らいだ。1962年4月、ゴールデンホテルで大火事が起きたのだ。6人のダンサーが死亡し、ツアーも中止。イヴは無事避難したものの、丸裸で放り出されたも同然だったという。それでも翌1963

年、イヴは相当数のツアーをこなす。シカゴ、ワシントン、サン・フランシスコ、ダラス、ボストン、ロス・アンジェルス……。ラスベガスの『サンズホテル』でも３か月ほど歌い、ポルトガルにも行った。ＣＡＣとの契約は１９６５年の５月10日まで続くはずだった。

だが、１９６４年に転機が訪れる。世界的レコード会社、フィリップスからレコード・デビューの話が舞い込んだのだ。

「私はＣＡＣとの契約満了まで待てなかった。すぐにパリに戻り、レコーディングしたかった」

しかし契約変更の交渉は簡単なことではない。また、当時のレコード会社とアーティストの力関係はかなり歪《いびつ》で、対等に話すことは不可能。

「契約違反だと言われて揉めてね。だけどフィリップスは助けてくれず、自分で処理しろという。結局、ＣＡＣの力で有名にしてもらった本名、イヴ・トマを捨てることで決着がついた。以後私はイヴ・マチューと名乗っている。息子のフレデリック・トマと私の名字が違うのはそのためだ」

それだけの苦難を乗り越えて再出発したイヴは、フランスに帰るや40を超える曲を３年足らずで収録。音源を聞かせてもらったが、実に素晴らしい。歌唱の見事さはもちろん、いくつかの曲は作詞も手がけている。そして――。ＣＡＣと契約したままだったら、パリにいるはずのなかった１９６５年４月、彼はラパンで運命の日を迎える。生涯をかけ熱愛することになる16歳年下の妻、マリア・テレサと出会ったのだ。

「その日、私は朝の9時にラパンのテラスにいた。すると2人の小さい女の子を連れた、きれいな女性がラパンの中に入っていった。それを見た瞬間、自分は彼女と結婚すると直感した」

イヴとマリアは翌年の4月14日にバルセロナで結婚式を挙げた。マリアはスペイン出身。イヴの母イヴォンヌもスペイン系のクォーターで、二人とも髪はブルネット。瞳の色はイヴォンヌが緑でマリアは黒、と異なるが、イヴォンヌとマリアの晩年の姿かたちは瓜二つだ。イヴはマリアの中に、幼い時から恋い焦がれていた母の面影を見たに違いない。

マリアは、１９６６年12月30日に長男フレデリックを、１９６８年3月29日には次男のヴァンサンを出産した。今、２人の息子は家庭を持ち、次男一家はイヴの住む建物の3階に、長男一家はラパンの裏手に住んでいる。イヴが小さい頃に願った「家族一緒に暮らす」という夢は実現されたのだ。

フィリップスと１９６４年に結んだ3年契約は数度更新され、イヴの華麗なキャリアは続いた。１９６７年からはチャリティーコンサートツアー、翌年始まったテレビドラマ『悪魔ゴリ』では神父役で出演。八面六臂《はちめんろっぴ》の活躍だ。

ラパンを引き継ぐ

しかし1972年、イヴは継父のポーロからラパンの専属のマネージャーになってほしいと頼まれる。そして遂にバトンを受け取る決意をするのだ。その後、5年ほどイヴの仕事を見守ったポーロは1977年に死去。遡る1970年には、ピカソ達が住んだ「洗濯船」が焼失していた。モンマルトルの芸術の女神は時代を一区切りさせ、新しい才能を必要としたのだろう。

「ラパン・アジルは私の運命だったんだ。全てがそれに向かって導かれていた。妻のマリア・テレサに私の運命が導かれたようにね」

大きな劇場やメディアに未練はなかったかと聞くと、「それがなかったんだ。店には全く違う難しさと喜びがある。向いていたんだね」とイヴは言う。確かにラパンにいる時が一番彼らしい。テレビのような、影のない明るさだけの世界よりも、暗がりに浮かび上がる光の中で歌うのがイヴには似合う。

1990年代、時代は変わり、シャンソンの店よりクラブやディスコが全盛となっていく中、沢山のキャバレーが閉店。しかしラパンは時代の波に逆らい、丘の上にとどまり続けた。そして1993年、イヴォンヌが作った会社「AU LAPIN AGILE」をイヴが買い、ラパンはその傘下で会社組織として現代的な経営形態をとることになる。

「翌年4月30日にイヴォンヌは亡くなった。フレデリックはビジネススクールに行くなどして歌い出すのが遅かったけれど、1992年から私が教えて、1994年にデビュー。イヴォンヌに孫が店で歌う姿を見せられてよかったよ」

私は黙りこんでしまった。ここでは誰もが自分の使命を全うして、「音楽という芸術」の河の流れの中に還るように天に召されていく……。

「でも、イヴォンヌさんも、2017年の3月に亡くなったマリアさんも、まだこの店にいるようです。ご自宅にもお店にも、過去のパワーをすごく感じます」

そう言うと、イヴは顔を輝かせる。

「そうなんだ。君も絵をくれたしね。それから、大きなキリスト像があるだろう？　あれはピカソ達と一緒に暮らしていたイギリスの彫刻家ワースレイが、クリスマスの日に自分でここまで担いできて壁にかけたんだ。1905年に撮影されたフレデ達の写真にピカソの絵と一緒に写っているから、それ以前の話だね。彼は第1次大戦で1916年頃に死んだよ」

「そうですか……。作家の死後も、そのキリスト像は皆さんを見守ってきたんですね」

神妙に言う私に、イヴは冗談で返す。

「そんな深刻にならなくていいよ。確かにキリスト像は素晴らしいが、客たちはみんな酔っぱらっていて、祈ったりすることはまずなくて……その……冬はコート掛けにちょうどいいんだ」

そう言われて私は笑ってしまう。

「私はキリスト像よりも、ピアノの上の、女性のお尻の像に祈ることが多いね」

そうしてイヴは乾杯の仕草をし、片方の眉を斜めに持ち上げウインクする。でも、コロナ禍が続いて、その祝杯の作法も一年近く見ていない。かつて店のライヴが最高潮に達する頃、イヴは必ず女性のお尻の像に恭しく一礼して乾杯をした。ああ、一刻も早くコロナ禍が去りますように。友と歌と酒に彩られた夜なくして人生は語れまい。イヴの歌手としてのキャリアは最後までスポットライトの中にあるべきだ。イヴはこの6月で93歳（2021年当時）。

今も店を再開した時のためのレッスンに励んでいる。

第5幕 ラパン・アジルの宝もの

1825年に建てられたラパン・アジルの建物は、2025年には築200年となる。シンボルの兎の看板が描かれたのは1879年。店主アデル・デュセルフによって「ラパン・アジル」と命名されたのが1886年だから、1889年に開店したムーランルージュより3年早い。長い時間の中には山ほどの歴史的遺物が蓄積されているだろう。店のホームページを開き、SPECTACLE→LIVRE D'OR（黄金の本）へ進むと、様々な作家や画家が残した直筆のサインや、スケッチなどを見ることができる。ただパソコンの画面上では細部まではよく見えない。私は次の取材で必ずこの本の実物を見せてもらおうと思っていた。

ところが世界はコロナ禍に見舞われ、2020年3月17日、フランスでもロックダウンと国境封鎖、入国制限が始まった。その後、状況が好転して、7月からしばらく入国制限が緩和された。今ならフランスに入れるとパリ在住のカメラマン・水島優《みずしままさる》氏から連絡が来た。私は直ちにパリへ。8月の強い日差しの中、幸運にも一時の撮影と取材のチャンスを得たのである。

イヴの次男のヴァンサンの案内で、私と水島氏はまず、1階の店内を撮影。コロナ対策のアクリルボードで仕切られた様子が痛々しいが、壁に並ぶ絵や彫刻は変わらず美しかった。ステンドグラス越しに差し込む陽光に満たされた店内はそこそこ明るく、暗い夜には気づかない物が目に入る。壁や梁に据えられた異形の頭像、100年も前の置き時計。古いコンサート・ポスター。どれも時代を反映していて見飽きない。

それから私たちは、2階の事務室へ続く細くて急な階段を上った。階段を上って右側には、第2次大戦中にユダヤ人の外科医マルセル・レイボヴィッチを匿っていた部屋がある。左側が事務室。その奥に家族の肖像や、古い楽譜、様々なアーティストから贈られた作品で一杯の部屋がある。部屋に入って足元の紙袋を見たら、2018年に私がプレゼントした、店の外観を描いた銅版画があった。私は自分のことを憶えてもらいたい一心で、この版画を手にラパンを訪ねたのだ。

私は「黄金の本」を見たいとイヴと彼の長男フレデリックに頼んだ。だが、2人の表情が僅かに強張る。その本は古く破損し易いので、家族でもあまり触らないという。しかし、イヴの厚意で遂に見せてもらえることに!

それは彼の自宅の書棚奥に、箱と薄紙で大切に包まれて保管されていた。厚みが10センチはある、画用紙を手で綴じた大型本だ。表紙を開くと、古書の香りが鼻を刺激した。

「あ、チャールズ・チャップリン!」

見やすい筆記体の名優のサインはすぐ目に入った。近くに作家のコレットのサインもある。

「藤田嗣治は知っているだろう？　彼はモンマルトルに住んでいた時、毎晩のように飲みに来た」と、イヴが微笑む。それから「SESSU（セッス）……」と言いながら、達筆な漢字で綴られたサインを見せてくれた。「有名な日本人の俳優だよ。ハリウッド映画にも出た」。Googleで調べてみると、「早川雪洲」という著名俳優がみつかる。かつて世界に認められ、大活躍した日本人だ。他にもシャルル・アズナヴールやクロード・ヌガロなど有名歌手のサイン、ラパンと縁の深い作家、ピエール・マッコルランの達者なスケッチ等もあり、アート・ファンには垂涎ものの、まさに「黄金の本」だ。

ピカソを巡るエピソード

「ところで、さっき事務室で見せていただいた古い写真の中の、きれいな女の人は誰ですか？」

ラパンの近くに今もあるピンク色の壁のレストラン「メゾン・ローズ」の前に立っていた美しい女性が気になって、私は聞いた。建物の二階からは、身なりのよい男性が顔を出していた。

「彼女はジェルメーヌと呼ばれていたモデル。ピカソの《ラパン・アジルにて》の中央に描かれた横顔の女性は彼女でね。本名はロール・カルガーリョ。私が今住んでいるこの家のオーナーだったスザンヌ・ナシーの姉で、ピカソの絵のモデルも務めていた」とイヴが言う。

「2階から顔を出している男性は?」

「ラモン・ピチョットだ。有名な画家だよ」

ジェルメーヌことロールは1880年生まれで、ピカソより1歳年上。ピカソは1899年に知り合った1歳上の画家カルロス・カサへマスと、1900年に一緒にパリへ来て、彼女に出会った。カサへマスは忽ち恋に落ちてロールに結婚を迫るが袖にされ、鬱を患って自殺を仄めかすようになる。心配して帰国を勧めるピカソに連れられ、一度はスペインに戻ったカサへマスだが、単身パリに戻り、重ねてロールに求婚、拒絶された。

1901年の2月17日、カサへマスは「今度こそ本当にスペインに帰る」と、ロールなど数人の友人を集めてクリシー通りのレストランで別れの食事会を催した。そして、ロールに最後の求婚をする。やはり断られるや否や、リボルバーを取り出してロールに発砲。彼女は倒れたものの弾は逸れ、カサへマスは右のこめかみに弾丸を撃ち込んで自殺した。

この出来事はピカソに大きな打撃を与えた。以後ピカソは何種類もの「カサへマスの死」を描き、1904年までの絵は悲しい青が画面を覆っている。有名な「青の時代」は、カサへマスの死をきっかけに生まれたのである。

ロールとピカソはカサへマスの死後、一時は愛人関係となったが、大変深い友情で結ばれ、その交流はロールの死の時まで続いたそうだ。

《ラパン・アジルにて》は、カサヘマスマの死から4年後の1905年、ピカソ自身の手でラパンに持ち込まれ、壁に掛けられたという。この作品は、友の喪が明けた証として描かれたのではなかろうか。なぜなら作品からは、「青の時代」を思わせる青と繊細な線や暗さは消え、ビビッドな赤と太い描線が印象的だからだ。ピカソはこの絵を描くことで、悲しみと決別しようとした気がする。「青の時代」が終り、この年から、次なる「薔薇色の時代」が始まるのだ。

ロールは1906年、ピカソやカサヘマスとも親しかったスペイン出身の画家、ラモン・ピチョットと結婚。ラパンからすぐ近くのカフェを買って外壁をピンク色に塗り、1908年に「メゾン・ローズ」というレストランを始めた。結婚と開店の時期がピカソの「薔薇色の時代」にかぶるのは奇遇だ。ユトリロはこの建物をモティーフに多くの作品を残した。

ピチョットは寛大にロールを受け止めたようだが、第1次大戦後に一人パリを離れ、1925年に死亡。ロールは晩年、感染症を患い、寝たきりになって1948年に68歳で死んだ。

「ロールとラモンは妹のスザンヌや夫アルベール・ナシーと同じ墓に埋葬されている」とイヴは言った。そのナシー夫妻が暮らした大きな家に、イヴは現在、次男一家と住んでいる。元々イヴはそこに間借りしていたのだが1960年、32歳の時にVIAGER（ヴィアジェ）というフランス特有の不動産契約を結び、家の所有者となった。1966年にマリア・テレサと結婚し、子をなしてからも、イヴ一家とナシー一家は同居。1970年にスザンヌが亡くなるまで、ひとつ屋根の下に暮らしていた。「スザンヌの夫アルベールは私の腕の中で亡くなったんだ、腕のいいタペストリー職人だった」と切なそうにイヴが言った。国家による福祉制度が整う以前、老人は、そのような同居方法で介護者を確保したのだろう。この習慣は今でも残っている。

また現在、フレデリックが家族と住む、店の裏手の3階建ての家は、アリスティード・ブリュアンのものだったそう。フレデ爺さんの時代から家族が暮らすために借りていたが、1925年、ポーロの時代に買い上げた。ブリュアンはモンマルトル界隈では相当な地主だったのだろう。彼が住んでいた家屋はメゾン・ローズとソル通りをはさんだ向かい、コルト通りとの交差点にあって、近くにサティやユトリロも住んでいた。ブリュアンの死後に取り壊されて今は大きな邸宅が立つが、コルト通りは当時から変わらない。その辺りを歩くと、今でも彼らに出会えそうな気がしてくる。

ラパンの一番の宝物

ラパンと深く絆を結ぶのは、出入りした芸術家だけではない。店で歌った歌手たちともまるで家族のような関係だ。死んでもラパンを離れたくないと、ある歌手は店の向かいのサン

＝ヴァンサン墓地に眠る。2019年にはクロード・ヌガロの名を冠した広場が、店のすぐ近くにできた。皆が、没後も傍《かたわ》らにいる。

この店の一番の「宝」は、「絆」だと私は思った。アーティストたちは根無し草でなく、ラパンに自分の人生の根を下ろし、死んでなお留まる場所をここに見つけている。ヌガロがラパンを「永遠の金庫」と言ったのも頷ける。

とはいえ、コロナ禍はラパンにとっても大打撃だ。「永遠の金庫」が壊れかけ、伝統や歴史が失われそうな瀬戸際まで、店は追い込まれている。しかし、ルネサンスはペストの流行の後に起きたし、印象派はヨーロッパが大きく近代化する激動の中で生まれた。時代がアートに与える影響は大きい。インターネットによる文化の急激な混血が進み、コロナ禍で生活の大変化が起きている今こそ、新しい芸術の波を生み出してほしい。ラパン・アジルのお宝たちが私に囁くのだ。「私たちを美術館の中にしまってはいけない」と。

第6幕……………

ラパンの仲間たちと〃根〃

ラパン・アジルを何度も訪ねるうち、現地のフランス人常連客のほとんどが、店で上演される長いメドレーを諳んじ、アーティストと共に歌うことに驚かされた。彼らの多くは、両親どころか祖父母の代からの馴染みだそうで、週末には中学生くらいの子供を含む家族連れでパフォーマンスを楽しんでいたりする（もちろん子供はアルコール抜きだけれど）。

これらのメドレーは、古い民謡やシャンソンを織り交ぜて、１９８０年に店主のイヴが作り上げたものだ。メドレーを構成する歌の中で一番古いものは15世紀に遡れることも確認した。そんなに古い歌が残り、現代の人々にも愛されるのは、そこに真実が宿っているからだろう。ショーの幕開けでは大抵「Tour de France（フランス一周）」と題されたメドレーが歌われるが、その楽曲構成はフランス北東部のロレーヌ地方から、スペイン国境近くへと旅し、パリに向かう流れになっており、最後は「モンマルトルに行きなよ、パリが見渡せるから」という歌詞で締めくくられる。そんなメドレーを楽しむのは、何とも粋だ。

学校では教えることのない男と女の恋愛のルールを学べるのも、シャンソンの魅力だろう。軽妙だがシニカルに男女の真実を歌うのは「Comme de bien entendu（よく聞く話よね）」。

恋愛初期の若い男女の描写で始まるこの曲は、やがて結婚後の「お金が男女の関係に及ぼす力」について踏み込んでいく。歌の中の夫は、仕事をせずに酒を飲んでばかり。そのため妻は、「間男」にお金をもらって生活費にするようになる。夫は憤るも、自分の酒代になるので目をつぶる。以来、家に「お客さん」が来ると、「夫は場外馬券場に小旅行するようになりました」としめくくられ、笑ってしまう。稼げない夫は妻に浮気されても文句を言えないという教訓が含まれ、普通なら悲劇だが、笑い話として楽しませてしまうのは「恋愛とエスプリの国、フランスのお家芸」といったところか。子供の頃からこんな曲を家族で笑いながら聞いて大きくなるフランス人だから、日本人と恋愛観が異なるのも当然だろう。

これらのメドレーやシャンソンを、総勢8人くらいの歌手たちが歌うのだが、曲と歌手のキャラクターが見事に合致している。

まずは正統派歌手のイヴ・マチュー。十八番は「Le Temps des Cerises（さくらんぼの実る頃）」。その息子であるフレデリックは「À Paris（パリで）」「Le Beteau Espagnol（スペインの船）」などを見事に歌う、文字通りの看板歌手。ピアニストとして歌手を支えるのはジャン・クロード・オルファァリ。そしてピアノ以外にもフルートにヴァイオリンと、あらゆる楽器と歌で楽しませてくれる芸達者はイヴ・レヴェック。〝永遠の悪ガキ〟キャラが愛らしいジェラール・カイユも大いなる存在感を示し、太いバリトンが魅力的なのはミシェル・バーガム。臨場感たっぷりの平手打ちが飛ぶ夫婦喧嘩まで見せてくれる、パトリスとウーナ。

パトリスはピアノもギターも弾き、作曲もする。そんな二人の娘アマラも、ラパンの美人歌手だ。

美人歌手は他にもいる。コケティッシュなマロリー・デュフォー。鬼気迫る迫力で「レオ・フェレ」などの哀歌を歌うナウエル・ドムボロウスキー。ピアフを思わせる声と見事なアコーディオンで魅了するのはキャシータ・ボワムニュ。盲目で、サングラスをかけているアニエス・コレは、実はコメディエンヌ。きれいな高い声で、ハッピーにさせてくれる。

バトンタッチの序章

これら個性と実力を兼ね備えたアーティストたちをずっと束ねてきたのが93歳のイヴ。すでに50代半ばの息子、フレデリックにさえ、主の座を譲るつもりなどなさそうなパワーで店を仕切る。が、コロナ禍の1年余りで、2人の力関係に微妙な変化が生まれた。

ロックダウンが長引くと見越したフレデリックがオンライン配信を開始。2018年4月、最初に行われた無料の番組配信は、正直、出演アーティストによるオンライン宴会でしかなかった。しかしその後、「もっと工夫が必要」と感じたのだろう。自力で動画編集や配信をする技術を学ぶため、専門学校に通い始めた彼は、私にも「日本のプロの動画カメラマンが使っているカメラの機種を教えてほしい」など、いろいろと尋ねるようになった。

そしてラパンを含むモンマルトルの3つの伝説的なキャバレーが協働し、2019年2月から4月にかけて毎月1回、計3回にわたって各々の店から持ち回りでショーを配信する「Sacré Montmartre!」という有料オンラインイベントを行った。日本時間では明け方の5時からの配信だったが「ぜひ見てくれ」と親子で言うので、起きだして見てみると……予想を超えて面白い！

第2回はラパンからの配信で、イヴを中心とした歌手の他に、他店から応援に来た派手な衣装のドラァグクイーン達による見事なオペラあり、セクシーなコントあり、カメラワークも素晴らしく、圧倒された。1年前の最初の配信とは比べものにならない。このイベントを準備したのがフレデリックだ。

かつてのフレデリックとイヴの力関係は、完全にイヴが優位だった。コロナ禍に見舞われた当初、夜の営業ができないのなら、と、息子がマチネー（昼公演）やランチ営業を提案しても、イヴは一切受けつけなかった。しかし「Sacré Montmartre!」の配信の後、イヴはことあるごとに、「フレデリックに聞いてくれ、私はわからん」と言うようになった。配信等の新しい技能を必要とする時代の到来を認め、おそらく主導権を譲り始めたのだ。

この5月、私の提案で、日本とパリを繋いでライヴコンサートを同時配信した時も、フレデリックは活躍した。歌手としてはもちろん、Zoomによる動画配信の技術面でも、私たち日本側が気づかなかった点について様々に助言してくれた。昨年も「日仏合同WEBコンサート」を行い、その動画を配信したのだが、歌のパフォーマンスも1年前のコンサートに比べてはるかに上達していた。配信で自分の歌う姿を客観視した彼は、動画という媒体でアピールする「見せ方」を身につけたのだろう。コロナ禍の影響で実演が減ったりしても、衰えるどころかその歌唱力にはさらに磨きがかかっていた。そんなフレデリックに、私はインタビューを試みた。

◉歴史ある店のオーナーのもとに生まれ。歌手になる運命だったことに、抵抗を感じたことは？

ありません。自分は祖母イヴォンヌ・ダルルの特別な声を聞いて育ち、音楽の世界に強い興味を持ちました。

◉多大な才能とパワーがある父親をどう感じますか？

イヴの声と歌い方を敬愛すると同時に、僕は彼の資質を受け継いでいるとも感じます。イヴはとても愉快で寛容、気前がいいですが、多くを求める人でもあります（つまり大変）。

◉いずれこの店を引き継いだら、どんなふうにしたいと考えていますか？

時代の変化にマッチした力のあるショーを作るため、パフォーマンスの質を守りながら、新しいアーティストを発掘し、自由な表現を求めていきたい。もちろん過去を大切にしながら。

◉ラパンのアーティストで誰が好きですか？

一人にはなかなか絞れません。いつも感心するのは、どんなに秀でた表現者も、人より抜きんでようなどと考えていないことです。皆，周りを大切にして、特に年長者を最高だと思って尊敬しています。その結果、素晴らしい表現をします。

◉ロックダウンが明けたら何をしたいですか？

もちろん、キャバレーを開けて歌うんです！

ラパンに根をはる芸術の木

その純粋な「表現への情熱」という部分では、まだ父も負けていない。5月のオンラインコンサートでは、日本のピアニストの伴奏でイヴが「荒城の月」を歌う予定だったが、本番前日になってもメロディーが怪しい。私が、「出演者全員のコーラスにかえませんか」と提案し、イヴも「わかった」と言った。しかし彼は、承知などしていなかった。

配信の当日、本番前のリハーサル開始時間になってもZoomがフランス側と全く接続できない。いや、接続はしているが、フランス側は日本側の音声を一方的にシャットアウトしていたのだ。画面には何度も「荒城の月」を練習するイヴの姿が映っていた。未だメロディーを間違え、歌い直しが続く。

「これ……何としてもソロでやる気で歌っていますね……？　こんなに時間を食われては、リハーサルはできません」

チーフオペレーターに言われ、私は困って何度もフランスに電話する。ようやく応答があり、Zoom の音声確認ができた時、すでにリハーサルの時間はなくなり、進行のすり合わせをすることしかできなかった。内心ひやひやの私たちに、イヴが疲れ果てた顔で言った。「待たせて悪かった。でも、ちゃんと歌えていただろう？」

果たしてイヴは、本番で「荒城の月」をほとんど正しいメロディーで歌い切った。93歳にして、ソロの出番を守り切ろうとする意欲に絶句させられた。視聴者からは、「感動した」「涙が出た」という声が数多く寄せられた。

2019年の「日仏合同WEBコンサート」の時にイヴが言った。「焼け野原でさえ緑が蘇るのは『根〜Racine〜』が地中に残されているからだ。それさえあれば個々のアーティストが死んでしまっても『芸術の木』が枯れることはない」と。私たちはしばしば、「芸術家なんて根無し草（Déraciné）だ」と口にするが、それは違う。芸術家とは、社会や環境や時代を超えた根と情熱という力を持ち、困難の中でも生き延びて新しいものを創造する人のこと。ラパンのアーティストはその『根』で繋がり、そのパフォーマンスで店を訪れる人々に、明日へと再生する力をもたらす。

コロナ禍が落ち着いたら、ぜひともこの店を訪れてみて欲しい。稀有な才能に恵まれた父と息子たち、2世代の情熱が作りだすショーを目撃できるはずだ。それはきっと私たちに、疫病の蔓延で疲弊した世界を生き抜く「力」と「情熱」を与えてくれるだろう。

ラパン・アジルを経営した人々

ルク

マルゴ
Marguerite
(Margot)
※母と店を切り盛りする

Pierre Mac Orlan

1938年
離婚

ロジェ・トマ
Roger Thomas

Yvonne Thomas

Jean Caussimon

ジャン＝ロジェ・コシモン
Jean-Roger Caussimon
※シンガー・ソングライター、映画俳優
[1918~1985]

リリアン・トマ
Lilianne Thomas
(Lilianne)
[1926~2013]

André
Larrieu

Pauline Larrieu

Céline
Caussimon

Raphael
Caussimon

事実婚

クリステル
Kristell

エルヴァン
Erwan

※現在のイヴ・マチュー（イヴ・トマ）の家は、ピカソのモデルでカサヘマス事件の原因となったモデルのジェルメーヌ・ガリガーリョ /Germaine Garigallo（本名ロール・アントワーヌ・ガリガーリョ）の妹スザンヌと、その夫アルベール・ナシーの住居を VIAGER（売り手が生きている限り、売却後も居住できる）という契約で購入したもの。イヴはナシー夫妻を見取り、現在ジェルメインとその夫ラモン・ピチョットは、ナシー夫妻と共にサン・ヴァンサン墓地に眠っている。

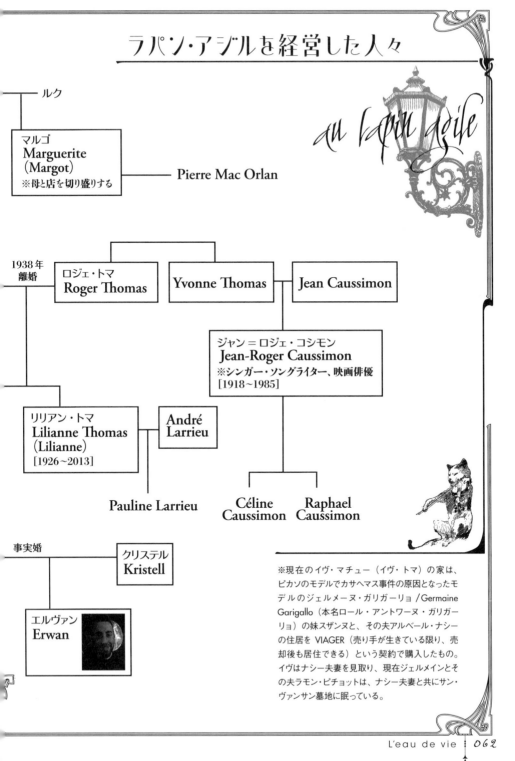

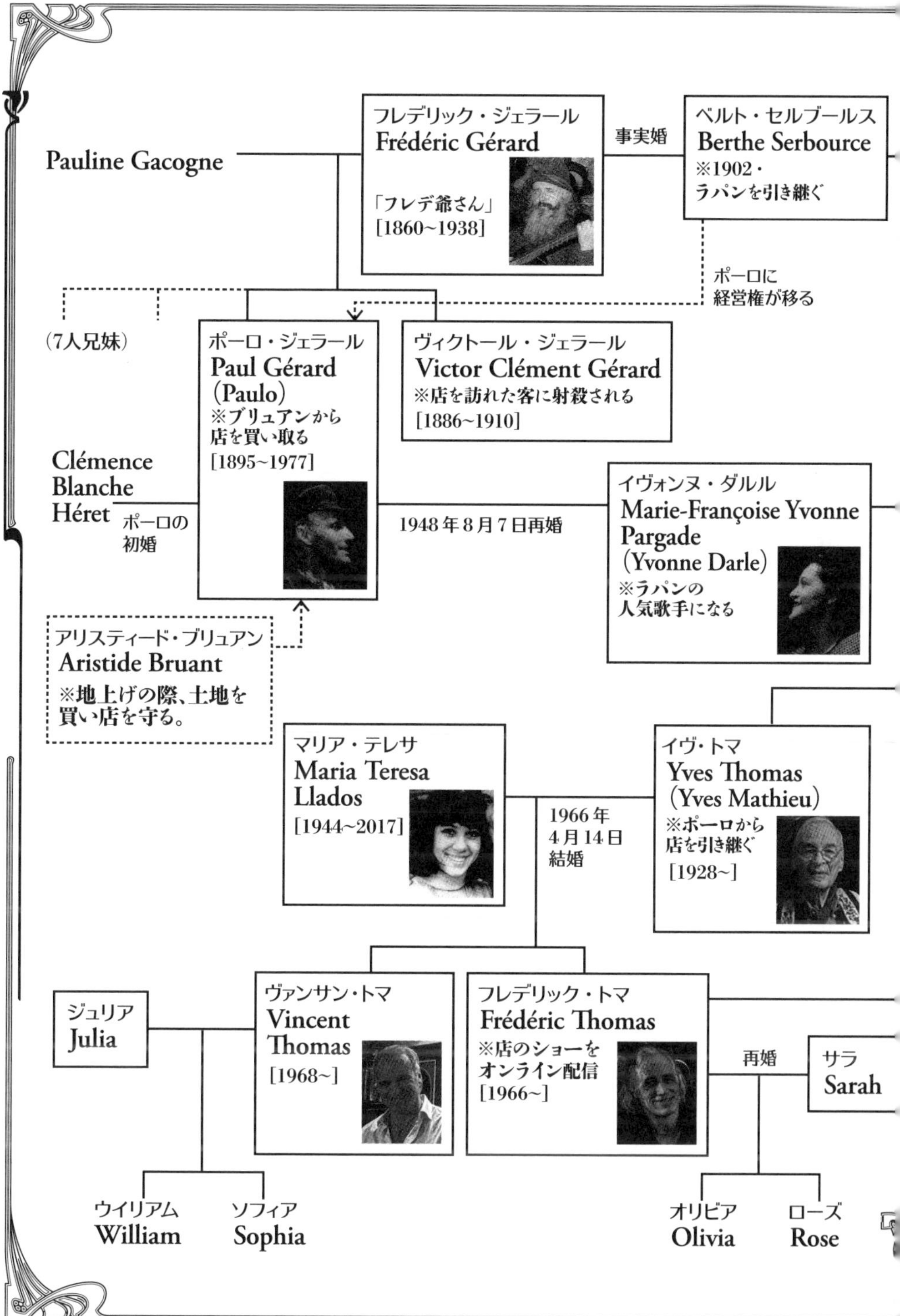
Pauline Gacogne
フレデリック・ジェラール
Frédéric Gérard
「フレデ爺さん」
[1860~1938]
事実婚
ベルト・セルブールス
Berthe Serbource
※1902・
ラパンを引き継ぐ
ポーロに
経営権が移る
(7人兄妹)
ポーロ・ジェラール
Paul Gérard
(Paulo)
※ブリュアンから
店を買い取る
[1895~1977]
ヴィクトール・ジェラール
Victor Clément Gérard
※店を訪れた客に射殺される
[1886~1910]
Clémence
Blanche
Héret
ポーロの
初婚
1948年8月7日再婚
イヴォンヌ・ダルル
Marie-Françoise Yvonne
Pargade
(Yvonne Darle)
※ラパンの
人気歌手になる
アリスティード・ブリュアン
Aristide Bruant
※地上げの際、土地を
買い店を守る。
マリア・テレサ
Maria Teresa
Llados
[1944~2017]
1966年
4月14日
結婚
イヴ・トマ
Yves Thomas
(Yves Mathieu)
※ポーロから
店を引き継ぐ
[1928~]
ジュリア
Julia
ヴァンサン・トマ
Vincent
Thomas
[1968~]
フレデリック・トマ
Frédéric Thomas
※店のショーを
オンライン配信
[1966~]
再婚
サラ
Sarah
ウイリアム
William
ソフィア
Sophia
オリビア
Olivia
ローズ
Rose

AU LAPIN AGILE
L'EAU DE VIE

ラパン・アジル 歴史・写真資料

▲我らがイヴ・マチュー。2024年6月96歳を迎えてなおその歌声は健在。太陽のような存在感

▶イヴさんの長男フレデリック。父イヴ、祖母イヴォンヌから受け継いだ天性の声と背の高さ。恵まれた容姿で観客を魅了する

▲ピカソがまだ有名になる前に自らラパンの壁に掛けた「ラパン・アジルにて」。道化師の装束を着たピカソ、その隣はモデルのジェルメーヌ（ロール）。奥がラパンの主フレデ

▲アリスティード・ブリュアンの像
ロートレックによる有名な肖像。ラパン・アジルを地上げから守り、フレデの息子ポーロに店を託した

モンマルトル美術館▶

彫刻家の Leon John Wasley（1880 ～ 1917）が、1900年頃のクリスマスに自ら担いできて掛けたという磔刑像

店のリーフレットにも使われる、ロシア出身の作家GAZI の作品。ユトリロの母シュザンヌ・ヴァラドンと親しかった

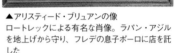

伝説的なアーティストたちの直筆サインやスケッチでうめつくされた「黄金の本」(Livre d'or)

早川雪洲のサイン

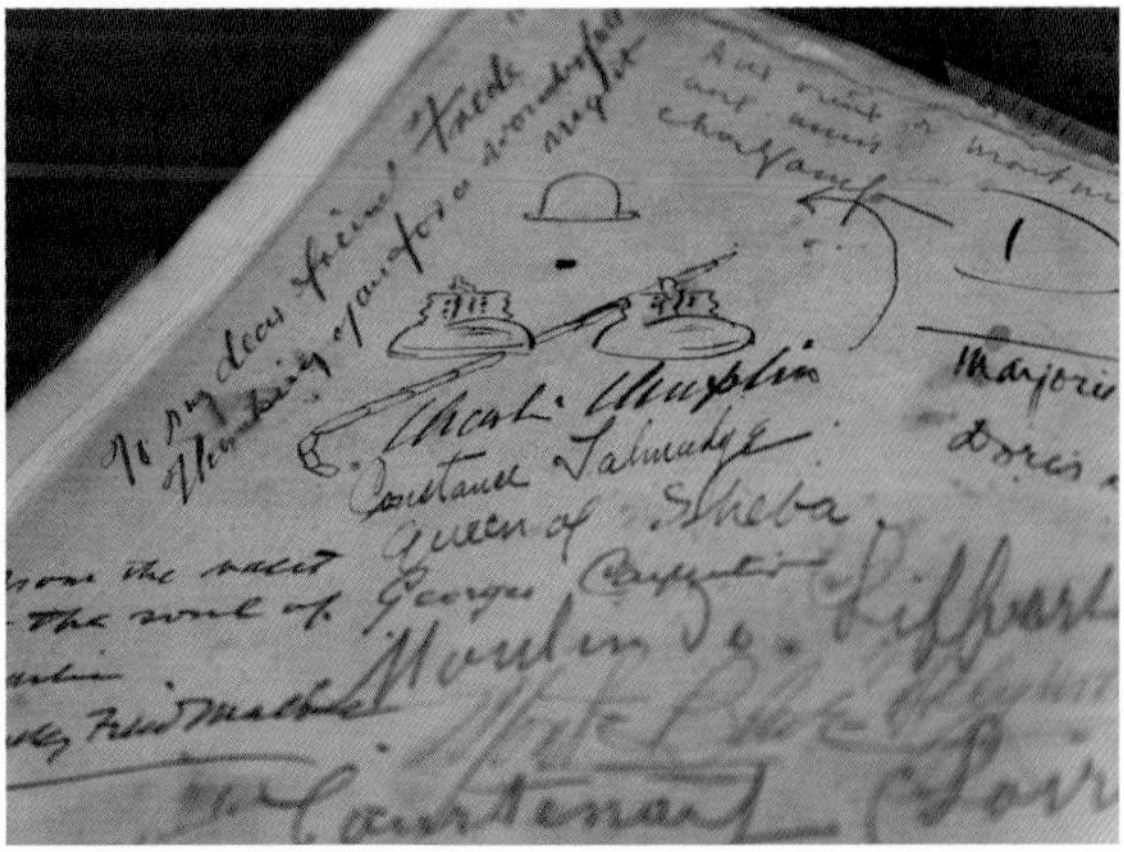

チャールズ・チャップリンのサイン

1905年頃のラパン・アジルの様子、右端でギターを弾いているのがフレデ爺さん（提供 le vieux montmartre）

それはフレデから始まった
〜古き良き時代のラパン〜

フレデ爺さんと、大切にしていたロバのロロ。最初はロロと行商し、モンマルトルでくらしていた。ロバの背に壺を2つ積んで行商。洗濯船などに出入りし、画家たちと親しくなった

アリスティード・ブリュアンとフレデ爺さん

▲ピカソの絵、「ラパン・アジルにて」の中央横顔の女性のモデル、ジェルーヌ・ガリガーリョ。本名ロールとメゾン・ローズ

◀1890年のムーラン・ルージュ
（提供・Le vieux Montmartre）

イヴの母、イヴォンヌ・ダルルは、フレデの息子ポーロと再婚。仲睦まじい夫婦だった

自宅書斎窓から、妻や母の眠るサン＝ヴァンサン墓地を見下ろすイヴさん

その窓辺に貼られている愛妻、マリア・テレサの写真。アイドルのような美しさ

アメリカでツアーをしていた時代のイヴさん。本名 YVES TOMAS（正確な綴りは THOMAS）で活動していた

その後、大手レコード会社フィリップスとの契約の折に現在の YVES MATHIEU に改名。スタアの風格だ

インタビュー中の著者とイヴさん（2021年）

官能的な像の壁掛け

結婚当初のイヴと妻のマリア。映画の中のカップルのよう

ラパン・アジルの名物カクテル「L'eau de vie（命の水）」
サクランボを漬け込んだ美酒。

ラパンの歌手たち ✦

※(P)はピアノ

イヴ・レヴェック Yve Levêque (P)(V)(リコーダー)

ジャン・クロード・オルファリ
Jean-Claude Orfari (P)

ロラン・プロコピック Laurent Prokopic

イヴ・マトラ Yves Matrat

ミシェル・バーガム Michel Bergam

パトリス&ウーナ Patrice & Oona

ナウエル・ドムブロウスキー Nawel Dombrowsky

マロリー・デュフォー Malaurie Duffaud

アニエス・コレ Agnés Collet

キャシータ・ブワムニュ Cassita Boismenu

ピエール・フランソワ・ラミロー Pierre-François Lamiraud

ジュスティーヌ・ジェレミー Justine Jérémie

◀アマラ・ランドレ Amala Landré

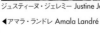

次男ヴァンサン。実に巧みな客さばきで店を支える

長男フレデリック、ラパンの次世代を担う歌手

親子三人、ラパンの入り口前で

「ラパンアジル」さかもと未明
Au Lapin Agile (2022) サロン・ドトーヌ入選

「ラパン・アジルの老木」さかもと未明
Le vieux grand arbre (2018)

2018年にラパンを訪れ、取材を申し込むために持っていった版画

「ラパン・アジルの交差点」さかもと未明
La carrefour du Lapin Agile〈部分〉(2021)

「イヴ・マチュー肖像」さかもと未明
Un portrait de Yves Mathieu (2021)

①

②

③

①イヴさんの愛妻、マリア・テレサ
②イヴさんの実母、イヴォンヌ・ダルル
③イヴォンヌの夫、ポーロ・ジェラール

さかもと未明の贅沢な一日

イヴさんと歩く モンマルトル

多くの芸術家たちが足跡を残したモンマルトルを、
ラパン・アジルの主、イヴ・マチューさんの案内で
何度も散歩したさかもと未明さん。
その至福の時の一部をご紹介します。

バトー・ラヴォワール（洗濯船）。建物は1970年に焼失。今はわずかに残ったショウウインドウが当時をしのばせる作品を飾っている

まずは、Le Coq & Filsで腹ごしらえ。名物のローストチキンを頂きます

ピカソやモディリアーニなど、芸術家達の集った集合住宅『洗濯船』の跡地。傾斜地に建てられたため、積み木が重なったように見え、「セーヌ川に浮かぶ洗濯船のようだ」と、マックス・ジェイコブが名付けた

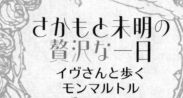

☞ 急な階段をすたすた上ったイヴさん、当時93歳。私は途中で何回も休みながら上ったのに…。超人的な体力です！

コタン小路。ユトリロの絵そのまま!!

アコーディオンの音が街に流れ、街行く人のを心は弾みます

☜ サクレ・クール寺院下のメリーゴーランド。本当にロマンティック。大人でも乗っていてうっとりします

Place DALIDA。有名な歌手、DALIDAをしのんだ広場。ここからのサクレ・クールの眺めもまた格別

DALIDA像の胸を触る観光客。ドレスの表現みたいですが、お胸のところが金色で目立つので、みんながおっぱいを触っていきます。お胸が大きくなるご利益がありそう？

舞台化で大成功したマルセル・エイメの「壁抜け男」の彫像が飛び出しているユーモラスな壁。「マルセルは仲良しだったんだよ」と、にこにこ笑うイヴさん

サクレ・クールの寺院前広場から乗れる観光列車ならぬ列車型バス。ラパン・アジルの前も通ります！

モンマルトルに唯一残るブドウ畑、その向かいがラパンなのです

シャノアール2号店の跡地の看板。看板が残るのみだが、貴重な文化の足跡を偲ばせてくれます。Victor Massé 通り

ムーラン・ド・ラ・ギャレット。農民の要塞にもなったモンマルトルの水車は、その後ダンスホールへと変わり、ルノアールが「ムーラン・ド・ラ・ギャレットの舞踏会」を描きました。今は文化財ですがレストラン営業中

COLONNE

モンマルトルの紳士と芸術家の社交場
Le Wepler！

レストラン「Le Wepler」は、1810年にアルザスのレモネーダー、Conrad Wepler氏が買ったクリシー広場14番地に開店。最初はビリヤード場つきのレストラン・カフェでしたが、後にショーやダンスを楽しめる場になりました。

いちど大きなレストラン会社が経営しましたが上手くいかず、シャノアールを作ったロドルフ・サリスや、この店の愛好家エミール・グノーによって、1892年に現在の形に生まれ変わりました。牡蠣やカニなど海産物を楽しめるレストランとして、パリの著名人、美食家、アーティストを虜にしました。

ロートレック、ピカソ、アポリネール、シュザンヌ・ヴァラドン、ユトリロなどが常連。

のちにはフランソワ・トリュフォーを含む多くの映画人や、ヘンリー・ミラーなど作家も魅了。そんな店の雰囲気は今も引き継がれ、Déanaさんや Rédaさんら、愛ある紳士が出迎えてくれます!!

命の水「ラパン・アジル」

私を再生させてくれた場所

運命の出会い

2017年、初めてラパン・アジルを訪れた時のことは忘れられない。案内人の「太郎さん」とその母君に連れられて、ラマルク通りからコーランクール通りに交わる角に来たのだが、ラパン・アジルのあるソル通りとの交差点から左方向の行く先を見て、私は絶句した。

「あれを上るのは無理‼」

2006年に発症した膠原病《こうげんびょう》のせいで私は筋肉をかなり失い、階段を上るのが難しくなっていたのだ。けれど太郎さんは「平気ですよ、僕が荷物を持ちますし、母が手を引くので」と言って下さる。断るのも悪いしと私は一念発起して階段を上った。

何回も休憩しながら遂にその階段を上り切った時、前を見て驚いた。

急に開けた視界。ソル通りがまっすぐにモンマルトルの丘頂上に上がっていく途中、ほんの100メートルほど前方にラパン・アジルはあった。

今は鮮やかなオレンジ色に塗り替えられたが、当時はアイビーに覆われた白壁。数年前に枯れてしまった大木に半分隠れるようにして、古い三角屋根の建物が見えた。三角の白壁には「Cabaret Artistique Au Lapin Agile」と書かれていた。

その時の何とも言えない印象を残しておきたくて、私は携帯のカメラを取り出した。ユトリロをはじめとする無数の画家たちがこぞって描いた景色なのだから無理もない。それは実に絵になる、奥行きと風情のある風景なのだ。

ラパン・アジルはまずその姿が美しい。モンマルトルの頂上と丘の北側の裾をまっすぐに結ぶソル通りと、いろんな歌になっているサン＝ヴァンサン通りの交差点にあり、通り向かいの壁向こう西側にサン＝ヴァンサン墓地。店の南側には、サン＝ヴァンサン通りをはさんでモンマルトルに唯一残るブドウ畑がある。畑の向こうにはサクレ・クール寺院の塔と水道塔が、畑越しにちらりと見える。

夢中で撮影した最初の写真には、私のカバンを引きずって坂道を上がる太郎さんが映っている。写真を調べて、２０１７年の6月29日だと知った。私にとっては運命の日。

私たちは幸運にも予約なしに店に入ることができ、ピアノの脇、キリスト像に向かって左側の、ピカソの大きな絵「ラパン・アジルにて」の前に座らせてもらった。

私はその時はそれがピカソだとは気づかなかったが、印象的な絵だと思った。今あるのはレプリカだが、十分な迫力。１９８9年のサザビーズ落札価格は40・7億ドル。本物は今、ニューヨークのメトロポリタン美術館にある。

最初の持ち主であるこの店の主フレデ爺さんは、ピカソが有名になる前に税金の支払いに困って、二束三文で売ってしまったそう。

そのピカソを背にして座った私の席からはロートレックやシュザンヌ・ヴァラドンの大きな絵がよく見えた。他にもクラシックな銅版画やスケッチ、油絵などが所狭しと並んでいて、その中で本格的なシャンソンが聞けるなんて、何て贅沢なんだろうと思った。

開店から暫くはソロのピアノが生演奏されているが、店の中央にある広いテーブルに歌手らしい人たちが集まって来ると、今まで心地よいラウンジ風だったピアノが急に勢いを得て、古いシャンソンのメドレーが始まる。７，８人の男女で歌われるシャンソン・メドレーは完成度も高く圧巻。ちょっとしたコント風の芝居まで織り込んで、目まぐるしく進んでいくシャンソンの大行進。よく知っている「オー・シャンゼリゼ！」や「パリの空の下」もあるけれど、知らない曲も沢山。しかし常連らしい客たちがそれらの曲をよく知っていて、一緒に歌うからさらに面白い。

「すっごい、迫力‼」

私は身じろぎもせずに聞きいる。

「でしょう？」

太郎さんは嬉しそうに言った。

「未明さんは画家で、歌手で、作家だから、絶対気に入ると思って。ここはエコール・ド・パリの時代の作家、画家、音楽家たちが集った有名店なんですよ、あのロートレックの絵、有名ですよね。黒い帽子と赤いスカーフのモデルはアリスティード・ブリュアンという当時の有名歌手で、この店の支援者だったみたいです」

私は頷き、カバンからスケッチブックを取り出した。今見ると下手で気恥ずかしいけれど、画家を名乗りだして間もない身としては、その感動を描かずにはいられなかった。

私は25歳から20年以上漫画家として暮らしてきたが、２００６年に発症した膠原病のため、手足が拘縮して動かなくなり、２０１０年以降絵筆が持てなくなった。歩くのも着替えも介助を必要とした。少し回復の兆しが見え、手を動かせるようになった２０１５年の末から画家への転身を図り、２０１７年に画家デビュー。52歳という遅まきの出発で、どこまで描けるようになるか、自分がフランスで通用するかもわからなかったけど、とにかく描くしかないと、スケッチブックと鉛筆だけはいつもカバンに忍ばせていた。よく友達に「未明さんって荷物多いよね」と笑われるが、「チャンスがあれば描けるように」とクロッキー帖や鉛筆を持ち歩いているせい。あと大量の薬と。

私にはまだ、動いている歌手たちの動きをとらえる力はないけれど、「人生かけて、この様子を記録できたら」と思わずにいられなかった。そうだ、ムーラン・ルージュを描き続けたロートレックのように、私はこのラパン・アジルの絵描きになりたい――。

そう思った時、天から降るような何か暖かいものが私の中に滴り流れ込んできた。いつもいつも、発病してから寒くて仕方がなかったのに、私は何かとても暖かい流れの中に投げ込まれたように感じた。ほの暗く暖かな赤い色に囲まれた店は、まるで胎内のよう。そして、私は理由もなく思い込んでしまった。

「ここに来たのは運命。私はきっとここで生まれ変わる。これから何度もここに来たい。憶えてもらい、シャンソンの勉強をしたい。それから、ここの歌手やピアニストのことを絵に描きたい。きっとそのために、私はここに来た」のだと。

人生の交差点

この原稿を書いている2024年4月、私は還暦まであと2年半という年齢になっていた。2006年に41歳で難病の膠原病を発症したのが人生の大きな転機だったが、2008年に認定されるまで気づかず、2年以上放置していた。病名がわかり、大学病院に送り込まれた時にはかなり進行。10人くらいの医師たちが次々と私の診察をして、みんな首を横に振る。あるいはため息をつき、私の顔を気の毒そうに見つめたりする。「こんな病気になって気の毒に」といった風な表情。

その時、通されていたリウマチ科の診察室のカーテン越しに「お気の毒ですが、この病気ですとお子さんは望めません」と言う医師の声、続いて号泣する女性の声が聞こえた。何だかそこは、悲劇の吹き溜まりみたいな部屋だった。

やがて医師団のチーフが私に言った。

「あと五年くらいで寝たきりになるか、最悪命が尽きると思います。それを念頭に人生設計を立て直してください」

「えっ……?」

何を言われているのか、よくわからなかった。これが余命宣告というものか? と、何度も頭の中で反芻した。43歳の時だ。

自分は普通に平均の80代半ばくらいまでは生きると思っていた。「いくらなんでも早すぎる。まだ50歳前。それに『晩年運だから、いいことは50歳過ぎてから』と、よく言われていたのにその前に死ぬの?」と、頭の中は納得できない思いであふれた。

「でも、今の医学は進んでいるはずですし、何か治療法はないんですか?」

訊ねる私に医師は言った。

「治らない、治せないから『難病』なんです」

こんな大層な出来事が自分の人生に起こるとは予想外。小さい頃から結構私の人生は大変だったけれど、さすがにもう「受けとめきれない」と思った。学校でのいじめ、不登校、父のアルコール問題、家庭内の暴力、鬱に陥った母によるネグレクト、金銭的に恵まれない学生時代など、いろいろと経験してきた。家を出てもスムーズに自活できず、人命救助のような結婚もした。

結婚自体は幸せで、とてもいい夫だったけれど子供を産むのが怖ろしくて逃げ出した。漫画家になったもののレディース・コミックというセクシャルなジャンルであったので、ヌード写真集の話が相次ぎ、「方向違い」と逡巡した末、ついに自ら望んでグラビアに進出したり。

一方で硬派の突撃ルポなども執筆して、自衛隊の訓練まで経験した。

どんな仕事も大切だし、メディアの大小で格付けするのは嫌な話だけれど、あまり気を良くしてなんでも引き受けてしまうと、条件の悪い（安いし、目立たない場所ということ）仕事に忙殺されて消費されてしまう。そして現実には、出る媒体によって世間の人の評価が変わると身をもって知った。

エロティックな漫画を描いていれば、にやにやした目で見られたりするばかり。私はそれを飲み込めるほどには強くなく、次の仕事が欲しくてサービスをしてしまうことにも疲れた。

そしてだんだん「有名になりたい」「誰もが知る有名媒体で描けるようになりたい」と思うようになった。実際有名になって大きな媒体で描かないことには、ギャラも上がらず、よいアシスタントも見つけられない。

今のままでは出版界でチャンスをつかみ、クオリティの高いマンガを描くのは難しくなる一方だと思った。そしてチャンスをつかむため、仕事の選び方や、編集者とのお付き合いに、ある種の「計算高さ」を持つのが習い性になっていく。ヒエラルキーなんて気にせずに、楽しい仲間と一緒にいられればいいと思っていたかったけれど、そのまま安住してしまうと、いずれは誘われるままに「ＡＶ《アダルトビデオ》」に出て、漫画の仕事もとれなくなるような予感があった。

「ＡＶがいけないわけじゃない。でも、人の心に届くような作品を書いたり、描いたりすることが目標なら、そういう作品を欲している編集者の信頼を勝ち取らないとだめだ」

そう私は思い、孤独を選んでひねり出した時間を、歴史の漫画化や書籍の執筆に充てる。当然ボーイフレンドなんか作っている暇もない。私はいわゆる女ざかりも仕事机に向かうことだけで過ごしてしまい、エッチな漫画を描いているくせに、私生活は乾ききっていた。

でもそんな生活の後、漫画家になって18年目、朝のテレビ番組に出演したり、新聞に寄稿できるようになったのだ。子供向けや若い女性向けの性描写のない漫画を描くチャンスを得たのもこの時期。作品は最初から単行本化を決めてもらえた。レディスコミックでは決してなかったこと。恵まれた時代をやっと迎えることができたと思えたのもつかの間、働き続けていた18年間は、間違いなく私の身体を蝕んでいた。

余命宣告を受けたのは、そんな「陽の当たる場所にやっと出た」矢先だった。２００６年発症。２００８年に難病認定。２０１３年頃には全ての活動ができなくなるだろうと言われた。

がんばっても越えられないハードル

難病認定を受けた後も私は周囲の人に守ってもらい、病気の公表はしないで身体をだますようにして仕事を続けていた。「症状が進まない場合だってある」と、わずかな希望を持ってはいた。けれど医師の予言通り、私の手指はだんだん動かなくなり、漫画家なのに絵が描けなくなって、歩くのも難儀に。世界が冷蔵庫みたいに寒くてたまらず、日光を浴びると動けなくなる。お風呂に入れば「レイノー」という症状で、手足が墨みたいに真っ黒になった。そしてあちこちに網目状や噛み跡のような斑点が出現した。自分の身体が恐ろしかった。

やがて布団から出るのも難しくなり、2009年の10月、絵の代わりに始めた歌でCD発売をさせてもらったのを最後に私は、ほとんど全てのマスコミ活動から退くことになる。というか、仕事をもらえなくなった。

一度売れた後に露出が減ると、多くのタレントは鬱になるというけど、私もそうだった。普通では経験しない脚光を浴び、町を歩けば指さされていたのに、通院以外、家を出ることもない生活になるのだ。この落差は大きい。

毎日布団の中にいて、自分はもう価値のない人間だと感じ、死ぬことばかり考えていた。2013年にはどうせ死ぬと言われていたけれど、もっと早く死んでしまいたかった。

朝の番組を降板になった時は、覚えのない「不倫」を疑われ、告訴されていた。寝ていても、「裁判どうなるのかなぁ」、といつも不安にさいなまれる。死にたかったけれど、屋上まで上がって飛び降りる元気もなかった。病院も、電車に乗るのが難儀で行けなくなった。薬が切れると身体がすごく痛くて、これはもう飛び降りたくなるような痛さ。でも救急車を呼ぶレベルになるまで病院には行かなかった。お金もないし、回復したところで、それを喜んでくれる人もいない。私には通院を助けてくれる家族さえいなかった。

私は明るいサンゴ礁で泳ぐ熱帯魚から、一夜にして深海魚になった。暗く、重くのしかかる水圧の中でじっとしている魚。心に思い浮かぶのは、後悔と、悲しかった思い出ばかり。

「神様って意地悪だなぁ」と、何度思ったことだろう。親に恵まれて「好きなことをしなさい」と、夢を応援されている人も沢山いるのに。私だって歌やピアノ、バレエなんかを習わせてもらったらうんと頑張った。絵だって道具さえ買ってもらえたら、必死で作品を作ったのに。学校の試験で良い点を取ったり、作文で賞をとっても親が褒めてくれることはなかったし、進学を反対されるばかりだった。友達はみんな「頑張っていい学校に行きなさい」と応援してもらうのに。満点しかとったことがない私は、「勉強してもムダ。それより就職しなさい」と親から言われ続けた。

「自活しろ」と追い立てられ、いつもお金のことだけを考え、日々生活費の計算をして、人生を過ごしてきてしまった。そしてそのまま自分の人生は終わるのだ。そう思うと、涙がとめどなく流れた。

2010年から2011年は、人生どん底。あとで知ったけれど私は寅卯天中殺なので、まさにこの時は殺界ど真ん中の「八方塞《ふさが》り」の年だった。過去の人生のいろんな危機が、その殺界の時期に当てはまっていたことを知り、私は四柱推命に随分とはまった。その後、起きたことも「運命としか思えない」ので、私はかなり占いを信じている。でも悲観的な運命論者とも違う。「命《めい》」はあっても運べるから「運命」なので、自分の命式をよく知って自分に合った生き方をすれば、人生は良い方に開かれるはずなのだ。

そんな運命学の勉強も少しして、悪い出来事も、良い方向に人生を向かわせるための転機にできると知った。結局は人とのかかわりが人生を変えていくとも。

けれど2010年に全てを失うまで、私は人を信じたこともほとんどなかったし、頼るのは仕事とお金だけだと思っていた。人なんてどうせ裏切るんだから、信じるものかと思っていた。難病になって苦しんでいても、親でさえ助けてくれなかった。だから誰よりも働いて成功したかったし、いざという時のために、ちょっとはお金を貯めていた。

2010年．45歳の私は、ローンを完済した2軒の中古マンションを持っていた。4LDKと3LDKだからそこそこ広く、あとは貯金を1千万くらい。脱税なんかしないできちんと貯めた。ゼロから始めた割には頑張ったと思う。

でも、いざ「あと3年で死にますよ」と言われた時、その程度のお金でできることは限られていた。最先端治療には足りないし、やっても効く保証はない。何か目標を持ってやり遂げるには、時間がなく、体も動かない。そんな時、人を慰めるのは優しさだけだろう。

僅かに残ったアシスタントを除いては、誰も私に優しくしてくれなかった。それは多分私が人に優しくなかったからだ。数人のアシスタントはいい子たちだけど、彼らにも生活がある。いずれ、お給料を払えなくなれば来なくなるだろう。

その現実を前に私は、はらはらと涙を流すばかりだった。映画を観たり本を読む気力もなく、ただ布団の中にいてうとうとしていた。この頃、どうやって食事をしていたかもあまり憶えていない。多分、まだいてくれたアシスタントが、何か持って来てくれていたんだろう。

わずかに心を慰めてくれたのは、音楽。マイナーコードで、暗くて、語るようなボーカルが心にしみた。

音楽は心を癒やす。手が動くようになり絵を始めた今も音楽を手放さないのは、そんな経験からくるのだと思う。

「生き直せるなら、人に優しくしたいな。優しさがこんなに必要だなんて、知らなかった。お金さえあれば楽に生きられると思ってたけど、お金なんて、死とか戦争とか、そんなものの前では何の役にも立たないんだ」

全てを失った時、人は何を見るのだろう。人生の最後に、人はどんな曲を聞いたら救われるのだろう。そんなものを書いたり、歌ったりできたらいいのにと、私は思うようになった。そのさなかには何もできなかったけれど。

その後、数奇な出会いと運命の恵みを経て、12年後の2024年、私はまだ生きている。余命宣告のリミットだった2013年、一度はひどい悪化を見たけど、前年に結婚した夫の助けを得てなんとかやり過ごすことができた。2015年に多くの友人をがんで失ってから自分でもよくやったと思うくらいさらに努力をし、奇跡的な回復をした。そして2017年から今に至るのまでの7年以上、歌に絵、著作も続けることができた。最近では、音楽劇のプロデュースという新しい表現にさえ取り組めた。

この間に2回もバチカンの聖堂で歌わせてもらったこと、ジャズの時間を分かち合ってくれた仲間がいたこと、夫の優しさも、みんな私に命を吹き込んでくれた。

さらに、長い時間をかけて受け入れ続けてくれた「ラパン・アジル」という場から、私は「命の水」を与えられたのだ。

この本では、その再生の軌跡を書き残せたらと思っている。

2009年の転機、主人との出会い

主人との出会いは、私がタレントとして最後の仕事らしい仕事をした2009年。銀座の店で出会い、できたての初CDをあげたのがきっかけだ。

膠原病が進み、絵が描けなくなった私を気の毒に思って、当時の事務所がクリヤ・マコトさんという著名なピアニスト兼アレンジャーを紹介してくれた。

「ジャズ歌手をやりたいと言っていたからね。クリヤさんならかなえてくれる」

そう言われてマネージャーから赤坂の店でひき会わされた時、私の事情を事前に知っていたクリヤさんが「レコーディングの話があるので、未明さんを推薦してあるんだ。決まったらすぐにレコーディングだよ」と言ってくれた。

その後参院選に出る元養護学校の看護師・高階恵美子さんが、養護施設時代に患者さんのために作った「人生《いのち》」という曲を再アレンジして歌うという企画。私が難病だから、歌は素人でも企画的にはぴったりだったのだろう。「星に願いを」をB面にして、シングルCDを作ることになった。タイトルは「人生~inochi」。奇跡のように歌手デビューが決まった。

そのCDができた時、どれだけ嬉しかっただろう。それまで求められた「刺激」や、「人と違った視点が売りの、突拍子もない発言者」というスタンスから解き放たれた仕事。「こういう仕事が死ぬまでの間続けられたら、私は十分幸せだ」と思った。クリヤさんには本当に感謝しかない。

私は随分前からクリヤさんのCDを持っていて聞いていたから、彼がどんなにすごい人なのかわかっていた。「そんな人が私のCDを作ってくれるなんて!?」。

音楽に関しては、私は最初から恵まれていた。音楽教育はほとんど受けたことかなく、当時私は44歳。「歌いたい」と最初に言った時、当時の事務所は難色を示し、周りの友人も「みんな小さい時からレッスンして、絶対音感があったり楽譜が読めて当たり前なんだよ。その歳で何も知らずに始めても……」と心配してくれた。

でも、ジャズの世界の人は違ったのだ。膠原病だと知って、近所に住むジャズギタリストの光井靖さんが、「自分の生徒が1人死んでいるから、膠原病の大変さはわかるよ。時間がないから、すぐに歌えるようにしてあげる」と言ってくれ、「鳥尾さん」という女の子だけのバンドに演奏を頼んでくれた。ろくに歌えないうちからライヴをさせてくれたり、市民祭りに呼んでもらえて、活動はすぐに始まった。

やがて、私のそういう活動を認めてくれる事務所に移籍が決まり、クリヤさんと仕事ができるようになったのだ。ドラムは大阪正彦さんでベースは納浩一《おさむ》さん。夢のような編成。CDができた時はみんなびっくり。「初めてでこのバンドなんてずるい」と言う人もいた。「でも重い病気だし、お恵みだね、おめでとう」とも言ってもらって。

CDジャケットの撮影の時は、きれいなドレスを着せてもらい、わざわざ香港からカメラマンを呼んでくれた。床の上で裸足になるのは当時の私には辛かったけど、沢山のスタッフさんが集まって励ましてくれた。病気のせいで蚊の鳴くような声しか出なかったけど、MIXで何とか聞けるようにしてくれた。とにかく今の録音技術はすごい。

CDは頑張った割には売れなくて、パブリシティの動画を作るための撮影旅行と、数回のコンサート活動で、宣伝活動もおしまい。そのあといくつかのバラエティ番組やクイズ番組に出たけれど、ろくに歩けないし、スタジオを異常に寒く感じるので温度を上げてと頼み、他のタレントさんに迷惑をかけるということで呼ばれなくなった。そして、追い打ちをかけるように、「不倫」報道や告訴。事実無根の言いがかりに近いものだったけど、裁判にまでなったら、世間は何かあったんでしょうと思うのが普通。言い訳をすることもできないまま、私は大きな流れに翻弄され、気がつくと暗い海の底に沈んでいた。

2010年　なぜ私は告訴されたのか

今の主人に出会ったのは銀座のクラブだ。病気も重くなり、仕事もなくなって困っていた時、生活が苦しかった時にお世話になった銀座のママに連絡した。すると「寝込んでばかりだと本当に死んでしまうから、きれいにしてお店に出て来なさい。タクシー代もホテル代も出してあげる」と言ってくれた。

その久しぶりの銀座バイトの日に、「人生で初めての銀座デビュー」だったという今の主人が、患者さんに招かれて来て、私の隣に座った。それが現主人の武田茂との出会い。今思えば運命。主人には、人生の落とし穴だったかもしれないけど。

たまたま発売したばかりで持っていったCDを武田はもらってくれて、「クリヤさんは僕も知っているよ」と言った。私が、乾杯のシャンパングラスを持ち上げることもできず、レイノーで真っ黒な手をしているのを見て、「どうしてこんな状態で働いているんですか？」と聞かれた。相手が医師なので私も面倒な説明をせずに話せて気が楽になり、「家族とうまくいかなくて助けてもらえないので、働いてるんです。もうすぐ文藝春秋の新書が発売になるので、よかったら応援してください」と言った。すると武田は次の日に出版社に電話をして、1000冊も注文してくれた。私も出版社の人も、銀座のママも吃驚《びっくり》。「やり過ぎ」とみんな思った。でも武田は、「グラスを持ち上げることもできない重い膠原病の人が、働いていることがびっくり」だったと言った。

彼はそれからことあるごとに私を助けてくれるようになり、それが当時の奥様には「不倫」

に見えた。そして私は告訴されたのだ。確かに、はた目には不倫と勘違いされても仕方のない、過度の親切を受けていたと思う。裁判の後に武田も、「いろいろきれいごとでごまかそうとしたけど、あの時既に好きだったよね」と、認めた。「当時は家族もいたし、『医師として患者さんを助けているだけ』と思い込もうとしたけど、君にしたようなことを全ての患者さんにすることはできません」と。

けれど告訴されて全ての仕事を失った時、私は怒りで一杯だった。「何度もやり過ぎだからやめてくれと言ったのに勝手にいろいろ送ってきて。奥様も知っていると嘘ついて、私を被告人にした」と、怒りで震えるくらいだった。だから弁護士を通しての面談で、私は武田を怒鳴りつけた。

「土下座して謝ってください。とにかく奥さんに訴訟を取り下げさせて。訴訟が終わるまで、アシスタント代やなんかを支払って下さい」

私は泣いてまくしたて、彼は「何でも言う通りにします」と土下座した。

そして頼んだ覚えもないのに、武田は勝手に離婚してしまう。

「あなたへの告訴を取り下げさせるより、その方が早いと思った。長引かせてしまうとあなたが苦しんで、死期を早めてしまうから」

そう思って貯金とか車とか、そういうものを全部おいて出て来たのだという。

「そんなこと頼んでない、離婚してなんて言ってない」

混乱して私は言ったけれど、後の祭りだった。

人生は「籤《くじ》」

彼には家族とうまくいかない事情があり、離婚したのだと後で知った。結局、離婚から少しの時間をおいて、彼はわたしに結婚を申し込む。

私はたじろいだ。

「私は家事も何もできないし、もうすぐ死ぬと言われているのに何で結婚するの？」

武田には何のメリットもないどころか、デメリットの方が大きい。でも彼は言った。

「僕は、『人生は籤』だと思っているんですよね。すごく健康に生まれつく人もいれば、重い障害を背負って生まれて来る人もいる。だったら、重いものを背負った人をみんなで助けるのは、当たり前だと思うんです。それに、損をあえて引き受けるというのは、自分には喜びなので」

「マゾヒストって意味？」

私は聞いたが、その言葉自体が彼には分らないようだった。少なくとも性的な嗜好性とは違うんだと私は直感する。この人は「人に尽くすこと」が喜びなんだ。私はそんな人に会ったことがない。だから彼の言い分は理解しがたかったけれど、嘘でないことは信じられた。

自分の育ってきた環境。自分の家族から「働かざる者食うべからず。稼げないなら死になさい」と叩き込まれてきた人生観と、彼の優しさがあまりにかけ離れていて、居心地が悪かった。何だか、優しくされるほどに騙されている気がして、何か後で酷いしっぺ返しが待っているんじゃないかと。

それでも私と今の主人の武田は、だんだんと距離を縮めていく。あまりにも過ごした世界が違うので、最初は会話の糸口さえつかめなかったけれど。

彼は本当に真面目に勉強だけをしてきた人。一緒に住みだした頃に「数学の難問を一緒に解かない？」と言われ、吃驚したことがある。何でも高校生の「数学難問コンテスト」などというものがあるらしく、彼はそれでよく日本一になったし、患者さんの子供の家庭教師をしたこともあると言う。

私は、数学はてんでわからないので、とんでもないと断り、代わりに私の持っていた映画や音楽のＤＶＤを一緒に観ることにした。彼はそんな提案を素直に受け入れてくれた。

ジョン・レノンとオノ・ヨーコの「イマジン」を見ていたら、「このジョン・レノンという人は、ビートルズと友達なの？」と真顔で言うのでまた吃驚した。恐ろしく世間を知らない、純粋培養のお坊ちゃんなのか。

けれど、彼の実家のお父さんはバスの運転士。お母さんは様々なパートの後、資格を取り、保母さんになったそう。いわゆる医者一族のお坊ちゃまではなく、自らの努力で医師になった人。それゆえに、勉強以外のことは何もする時間がなかったんだと思う。

世間知らずだから、私なんかに引っかかったのだと思った。色の変わった蝶々を追いかけるみたいに、自分とは違う種類の生き物と交配したくなったとかそういう感じ。

でも、彼の過去の人生の話、子育ての話などを聞くのは楽しかった。音大出身のきれいな奥様と一緒に、子供の受験と教育に時間を費やした話。夏休みには毎週のようにディズニーランドに朝早く並んで開場と共に入り、チケットを買ったなんて話を聞いてまた驚いた。なぜそこまでして育てたお子さんを置いて、私の面倒を見ようとしてくれたのか。わからなかったし、彼の今までの人生はおとぎ話みたいだった。きれいな広い家に住んで、手塩にかけて子供を育てるなんて世界が本当にあるなんて。私の子供時代とはまるで違う。

私はとても乱暴に生きてきたし、優しくしてくれる武田にさえ、仕事もなく身体が動かないことにイライラして、ひどい言葉を投げつけた。けれど武田は「可哀そうに」と涙ぐんで、優しくしてくれた。私が２０１１年に発達障害の診断を受けた時は、一緒に医師の説明を聞いて、精神障害手帳を取得するのも手伝ってくれた。結局、私は赤（身体障害者手帳）と緑（精神障害者保健福祉手帳）と、２色の障害者手帳を持つことになる（色は神奈川県川崎市の場合）。それでも彼は気にしなかった。彼はお金以上のものを私にくれようとしていた。つまり、「生きていていいんだよ」という肯定感。

私は小さい頃から、親に褒められることがなかった。外で遊んだり友達と仲良くできない子供だったから、勉強ができてもそんなのは人間としてダメだと、いつも母に叱られていた。父にも「女の子で勉強ができてもいいことはない。結婚が遠のくだけだ」と言われ続けた。私が夢中で働いてきたのは、本当は親に認められたかったからだと今思う。

でも、私がいくら頑張っても、親は褒めてくれなかった。ギリギリの状態で懸命に働いて、朝のテレビ番組に出たり、全国版の新聞に寄稿しても、本を何冊出しても、「近所の人にいろいろ言われるから、目立つことはするな」と、電話で文句を言われただけだ。「病気が進んで動けなくなったら、最後の数年は家に戻りたい」と泣いて頼んだけれど、実家には帰ってほしくないとはっきり言われた。母は言った。「あなたとの噛み合わない価値観の記憶が邪魔をして、絶対に一緒にはいたくない」。父も言った。「二十歳までは飢えないように面倒は見たのだから、私たちの義務は終わった。不摂生で体を壊したのはお前の責任だ」。

私の心はこの時、粉々になった。

頑張って頑張って最後の最後、力尽きた時にしがみついた両親というボートにはねのけられた私。今にも溺れかけていた私の手をつかんで、冷たい海から船の上に引きずり上げてくれたのが武田だ。主人に出会わなければ私は病気よりも先に、孤独と絶望で死んでいたと思う。

そんなに感謝しているのに、私は時々、壁に激突したリ、モノを壊したり、癇癪を起こして当たり散らす。覚えていないけど、武田を蹴飛ばしたこともあるという。精神科の先生曰く、長い時間、親に見捨てられ続けた（と感じてきた）感覚、傷つくことで私の中に生まれた、コントロールできない人格があるのだろうという。専門用語では「解離性同一症」と言って、簡単に言うと多重人格。

そんな私といて、最近は武田自身が壊れそうだと時々悲鳴をあげる。彼は彼なりの心の不安定さを抱えていて、その不安の壺に蓋をするために、誰かに過剰に尽くさずにはいられない、それゆえに離婚し私を求めたことで、彼は更なる深みに堕ちたのだろう。

私たちはとても危険なボートに乗っていると感じる。今にも壊れそうなボートの上で、私たちは時に寄り添い、時に距離を感じながら、とにかく2人で船をこぎだしてしまった。傷ついたもの同士の共依存。傷のなめ合いと言われても仕方がないと思う。

私は典型的なアダルトチルドレンだった。愛に飢えているくせに愛することも愛されることもうまくできない。激しい攻撃性を抱えたまま大人になってしまった。心理学でよく言う「ヤマアラシコンプレックス」というやつだ。ひとりは淋しいけど、近寄ろうとすると互いの棘が痛い。

武田には私の棘を受けることで、自分の傷を忘れようとしているところがあった。虫歯が痛い時ほど噛みしめるみたいに。

武田は別に聖人君子なわけではない。ただ、こんな人は今までいなかった。私なんかの夫になれるのは、この人しかいない。武田は間違いなく私の運命の人。それを授けてくれた出会いには、私は死ぬまで感謝する。

器からこぼれるほどの愛を受けて、やっと私は気づいていく。つまり「50歳をとうに越した大人が、いつまでも親や育った環境を嘆いていても仕方ない。生き方を変えないといけない」と。

「親が悪いんじゃない、病気が悪い」

「ガッデムファッキン。サノバビッチ」
それが私の、初めて覚えた英語だ。

物心ついた時の最初の記憶は、薄暗い畳の部屋に充満した、父の吐く酒臭い息の匂い。殴られて悲鳴を上げる母の姿。父が癇癪を起こしてウィスキーの入ったグラスを投げつけ、ガラス窓とグラスの割れる音。割れた窓から突然入って来る寒気。再び英語で母を罵る父の、三角に吊り上がった目。狂気の目。亀のように体を丸めて固くなった母をまた殴り蹴る大きな影。やがて気がすむと、突然昏倒するように上向きになって寝てしまう。そんな父に泣きながら毛布を掛ける母。血を流し、赤黒く膨れ上がった顔で。

理解できない。なぜ母はこんな男と夫婦でいるのか。なぜこんな怖ろしい男が私の父なのか。そんなことを思いながら私が襖を細く開けて覗いているのを見つけ、怒鳴り声をあげる母。
「子供が見るものじゃない。早く寝なさい」
そして母は私に背を向け、罅《ひび》が入って曲がってしまった眼鏡をかけ直し、父がひっくり返したちゃぶ台、畳の上の食べ物を片づける。なんて惨めな姿。

私は大人になった時絶対にこんなふうになりたくないと、この頃から決めていた。母を慰めたかったけれど、母はそれを許さない空気を放っていた。だから近づけなかった。祖母が「大丈夫か」と声をかけても同じ。母は怒声をあげる。

「おばあちゃんには関係ありません！　ほっといてください」。

小さかった私は、いつの間にか疲れて寝てしまう。朝、目が覚めると、茶の間はとりあえず片づいていて、父は会社に行った後らしくいなくなっている。けれど前夜の騒ぎが夢でなかったことは割れた窓ガラス、汚れて破れた障子や襖が物語っていた。それから母の青黒く腫れた顔と、歪んで罅割れた眼鏡とが。


父は酒癖がひどく悪かったけれど、いつも暴れていたわけではない。機嫌がよければ優しかったし、愉快な話もしてくれた。船舶の仕事をしていたので英語が達者で、英字新聞なんかをスラスラ読んで聞かせてくれることは、子供心にも自慢だった。うちは、ギリギリ中の下か、下の上くらいの暮らしだったと思うけど、家には、父が取引相手の外人さんからもらった高価なネクタイピンやカフス、モンブランやパーカー、カルティエ、クロスの万年筆やボールペン、色とりどりの変わった洋酒なんかが沢山あった。大人になってそれがコアントローやビフィターズ、シーバス・リーガルや、カティサーク、バランタインなんかだったと知る。昭和40年代の日本の家庭ではかなり珍しかったと思う。壁には船の舵の形をした飾り物と、世界の豪華客船や帆船の写真入りのカレンダー。

酔った父は恐ろしいのに、普段はとても優しかった。むしろ子煩悩で、中華街に寄れば子供達に本格的な中華まんじゅう、横浜高島屋で素敵な文房具、ホテルニューグランドや都内の帝国ホテルで接待を受ければ、ホテルメイドのおいしいケーキを買って来てくれた。近所のケーキ屋さんとは全然違う味。クリームもスポンジもイチゴも、格別だった。これは父が横浜勤務で家族が戸塚に住んでいた時のこと。厚木に移り住んでからは、8歳年下の弟が増えたこともあり、駅前のマクドナルドでフィレオフィッシュやチーズバーガーを買って来てくれることが多くなった。母のことは随分殴ったけれど、父が私たち子供に手をあげたことは一度もない（私は成人してから、就職の問題でかなりボコボコにされたが）。

父のお父さん、つまり私たちの祖父は、父が中学生の時に脳溢血で亡くなった。父もその弟も勉強はできたが経済的な理由で進学できなかった。父は横浜の商業高校時代からアルバイトをしていた海運会社に、卒業後にそのまま就職。弟、つまり叔父は夜間高校を経て航空会社に就職。いわゆる「金の卵」たちの世代だ。イザナギ景気や朝鮮戦争、ベトナム戦争などの特需も重なり、就職には困らなかったようだ。けれど、大学に行けなかったコンプレックスには父も相当悩まされたようで、私から8歳離れた弟には、有名大学に進学させ大企業に就職させたいと夢を託し、勉強嫌いだった弟を随分悩ませた。また、祖母が女手一つで苦労して育ててくれたという意識が強かったようで、祖母のことをひどく慕っていた。ただそのことが母にはかなり不快だったようだ。

「おばあちゃんが甘やかしすぎたから、あんなふうになったのよ。何かというと『おふくろ、おふくろ』って、忌々しいったらない、私のことは殴るばかりなのに」

母は子供達にはいつも父と祖母の悪口しか言わなかったが、祖母は私達に父の孝行の話を沢山してくれた。父は高校生の時から、家計を助けるために珠算塾を開いたり、米軍に出入りして働いて、随分家計を助けたそうだ。そんな物語を聞くと、父にも沢山いいところがあったと思う。

英語は米軍のマーケットを手伝ううちに憶えたようだ。働き者だったのは間違いなく、今の大桟橋がまだ「メリケン波止場」と呼ばれていた頃、入港した貨物船から荷下ろしをしたり、コンテナの誘導をしたり、ワイシャツに塩が吹くほど働いたと、父自身がよく話してくれた。

そんな甲斐あって、私が8歳になり、弟が生まれた年に、家を買おうという話になった。私が生まれ育った戸塚の木造の平屋は、庭が広くて暮らしやすかったが、家の前の道路を夜遠しトラックが往来して騒音がひどくなっていたし、借地だったので肩身が狭かったようだ。祖父が死んでしばらくは借地料が払えず、出ていくように言われ、祖母が大家に責め立てられて泣くのを見て、「いつか自分の家を買う」と、父は決心したと言う。

最初は戸塚駅か長後駅あたりの建売り住宅を探したが、良いところがなく、妹と弟が喘息に悩まされていたので空気のいいところにしたいと、祖母が生まれた土地に家を建てることになった。本厚木からバス便の山奥だったが、勤務地が横浜なら何とか通えると踏んだようだ。

オイルショックがあり、資材高騰で建築は1年遅れたが、注文住宅の建築が始まってからは、父は毎週のように私と妹、あるいは私と弟を連れて、家ができていくのを見に行った。その柱の骨組みを見て、父が本当に嬉しそうに言った。

「見なさい、あの太い柱を。建売り住宅の倍はある太さのいい木材を頼んだんですよ。床柱は松のすごいのを入れるんですよ。誰にも文句を言われない、みんなの家なんですよ」

あの家は父の夢だったのだ。外国人の住宅を見慣れていた父は、屋根の瓦をオレンジにするか青にするかしばらく悩んだ末、青に決めてわざわざ焼かせたという。

当時真っ白い壁に青い瓦の載っている家なんか、その近くには一つもなかった。今でも私の瞼の裏には、新築の、緑の田んぼの中で真っ白に輝く壁と、真っ青な屋根の家の姿が焼き付いている。大地と空にはさまれた感じの本当にきれいな家だった。水田にポツンと立つ鷺みたいに真っ白だった。みんなが幸せになるために建てた家だったのに、その家に引っ越してから、辛いことが沢山起きた。

まず、父の勤務が横浜から東京の大手町に変わった。1時間半で通勤できるはずが、2時間半になった。父は疲れをためて暴れることが多くなった。私は転校した学校でいじめのターゲットになった。父の建てたモダンな家や、私の筆箱に入っていた舶来のボールペンも、いじめの理由になった。「気取ってやがる」ときれいなボールペンはいじめっ子たちに取り上げられて川に捨てられたし、私はトイレに閉じ込められたり、ドッヂボールでボールをみんなから横投げで投げつけられたりして、毎日のように泣いて学校から逃げ帰った。お昼前に給食も食べずに帰途についたことは数知れない。親が学校に相談に行くと、それもまたさらなるいじめに火をつけた。

学校を楽しいと思ったことなんて一度もない。担任の先生も、悪気じゃないのだろうけど、「もやしみたいにいつも日光を避けて土の中にいる感じ」だからと、私に「モグラ」とあだ名を付けた。私はその先生が好きだったから「モグラ」でもいいと思ったけれど、嬉しくはなかった。今思えばその頃から日光過敏の気があったんだろう。外にいると具合が悪くなり、朝礼では立っていられず、座り込んでしまうので、最初から保健室にいていいと言われた。それは高校を卒業するまでずっと続く。

ただ、絵を描くとみんなが集まって来た。普段はわたしをいじめる子達さえ、「学級新聞に絵か漫画を描いてよ」と言ってくれた。私がプロの漫画家になることを意識し始めたのはその頃だ。

母も漫画が好きだったので、私が少女雑誌の広告で見つけた「日本漫画学院」という通信教育を受けたいと言ったら、受講させてくれた。でも、母が私の勉強や習い事に理解を示してくれたのはこれが最後だったかもしれない。

母が私を疎《うと》み始めたのは、あまりにひどい父の暴力に耐えかねて遂に離婚の話になった時、私が母と一緒に川崎の実家についていかなかったためだ。

私は本ばかり読んでいて大人びた子供だった。離婚話が出たのは私が小学校4年の、10歳の時。厚木に越して1年ほど経った頃だったが、「子供たちはみんな連れていく」という母に「私は行かないよ。子供3人連れて行ってもお母さんが大変なだけだし。おばあちゃんとお父さんのお手伝いもいると思うし」と言った。

母が気の毒だったから、「別れるのは辛いけれど、3人の子供を抱えて暮らすのはもっと大変だろう」と気遣ったのだ。父もお酒さえ飲まなければ優しい。祖母と2人では父も困るだろう。酒乱でどうしようもないけれど自分の父親だし——と、私は思ったのだ。

でも母は、「裏切られた」と感じたらしい。そのことはその後何10年も経って私が武田と再婚した時、大学ノート一冊に長々と書いてきたから確かなことだ。

「女である」という呪い

母は、「自分がこんなに殴られても辛抱して育ててきたのに、なぜついてこないのか」と相当憤慨し、それ以来その思いが消えなかったらしい。

再婚後しばらくして母から送られた大学ノートは武田が少し読んで、「読まない方がいい」と言うので数年放っておいた。それを読んだのは、結婚して5年は経った頃だろうか。少し体調が良くなって、本も読めるようになったしとノートを開いてみると、その昭和50年の離婚騒動の時、母についていかなかった私を「心底憎く思った」と綴ってあった。その後は私のことをあえて無視してきたとか、中学や高校で私が神経症に悩み、登校拒否になった時には精神科の医師を紹介され、通院を進められたけれども、甘えていると思い、わざと行かせなかったとか。膠原病の可能性を指摘されたこともあるけれど、こちらも検査に行かせなかったとか。

「娘が重い病気になったのは私のせいです」と一方で書いているけれど、謝ってくれるわけでもない。そのあと、いかに娘が憎かったか、いかに自分が不幸だったかという言葉が続く。メチャメチャだった。謝りたいのか、憎いと突き放したいのか、もう訳がわからない。

つまりそれが私の母。激しい愛憎が入り混じった自分の心を整理できずに、混乱し、苦しみ続けていたのかもしれない。

母のノートには、「娘が最初の離婚をした時も『帰って来るな』と突き放しました」と書いてあった。「ひどいことをしていると思いましたが、憎かった姑に、長女は口のきき方や振る舞いが似ていたので、見ているだけで嫌な気持ちになったのです」と。

私は途中で読むのをやめた。以来そのノートは開いていない。半分ほど読んだだけでも、かなり心が乱れたけれど、「自分が母に疎まれていると思ったのは、ただの被害妄想ではなかったんだ」といろんなことが妙に腑に落ちて楽になった。

思春期になっても、母は生理のことさえ教えてくれなかった。学校では少し習っていたから、病気でないのはわかったけれど、母に告げるとものすごく怖い顔をして、生理用品を投げつけるように渡され、「これで子供ができるような身体になったんだから、男の子と気軽に口をきいたりしないでね」と言われた。女であることが罪悪のように言われた。母は、女であることを呪っていたのだ。自分が自由に働けないのも、夫に殴られ、祖父に勉強を禁止されたのも、みんな「自分が女だから」だと。

だから私は、学校で、初潮を迎えた友人が「お赤飯を炊いてもらったの」と嬉しそうにはにかみ笑いするのを見聞きして驚いた。生理をお祝いするなんて、そんな習慣があることも知らなかったし、それをめでたいと思う感覚もわからなかった。生理がきて子供を産まなくちゃいけないなんて、呪われるべき怖ろしいことなんじゃないのか。私にとっても「女であること」は穢《けが》れであり、不当な呪いだった。逃げ切らなくちゃいけない怖しいことだと感じていた。たぶんそれは、女であることを憎んでいた母の思いを、この身に受けていたからだろう。私は母の影法師だったのだ。いちばん嫌いだった母の。

私の生理は始まり自体も遅く、初潮から半年は何も起きなかったけれど、定期的に訪れるようになると、出血がきつくて身動きできないほどだった。けれど母は、「みんな辛いんだから、我慢するしかない」と、取り合ってくれない。結局それが子宮筋腫の元になったのだけれど、私も子供を産む気はなく、自立してからは病院に行くお金も時間もなかったので、婦人科を訪ねることもしなかった。生理は辛いものだと長年放っておき、30過ぎにテレビの健康番組で検査を受けた時に、「野球のボール位の大きさの筋腫がいくつもあります。このままでは子供が産めないから手術をしないと」と告げられた。だけど、それも放っておいた。テレビ局としては放っておかれても困ると思ったのだろう。その収録は放映されないままだった。

50歳を過ぎて閉経してから筋腫は小さくなり、身体は楽になったけれど、子供を産める時期はとうに過ぎていた。若い時に女性性を家族から肯定されるか否かで、女性の生き方はすごく左右されるんじゃないかと思う。

ブラジャーが必要な年齢になっても「生意気、まだいらないわよ」とそっぽを向かれ、中学3年になっても買ってもらえなかった。いよいよ保健室の先生が電話をしてくれ、母はしぶしぶ買いに連れて行ってくれたけれど、かわいいのは絶対にダメだと言われた。何の飾り気もないスポーツブラを選ぶしかなく、ショーツも、おへそまで隠れるおばさんパンツしか許さないと言われた。さらに母はその上にマジックで名前さえ書こうとした。

「体育の着替えの時に見えたら恥ずかしい」と、それだけはやめてもらったけれど、「男の子の前で脱いだりできないように、という意図があったのだろうか。わからないけれど、私が女性らしくかわいらしくなることが歓迎されていないのは痛感した。

大学生になってからは執拗なほど生活を管理され、門限も家庭教師のアルバイトがない日は夜の8時。友達付き合いやクラブ活動もできなかった。大学に行っていることを「贅沢」だとか「金食い虫」だとか、毎日文句を言われたことも思い出す。

そんな生活だったけれど、私が愛に飢えていることを多くの人が感じてくれたんだろう。男女共にいろんな人が親切にしてくれて、特に男の人が何の見返りもなく、服だの鞄だのを買ってくれ、テニスやドライブに連れて行ってくれた。門限なんていくら厳しくても、男の人とデートはできる。昼間会えばいいだけの話だ。やがて私はその中でも一番年上の人を選んで付き合ったりして、素敵な服を沢山買ってもらった。

母は私が新しい服を着ていたりすると、どうやって手に入れたとか、高価すぎないかと執拗に聞いてきた。「バーゲンよ」と私は逃げるけれど。今度は「学生らしくない、商売女みたい」とくさす。やがて「あなたとは気が合わない、価値観がまったく合わないから一緒にいたくない」と、話しかけてもくれなくなった。声をかけてくるのは文句を言う時だけだ。

その態度は、30年も経って私が余命宣告を受けた時も変わらなかった。娘が今溺れようとしているのに、手を差し伸べるどころか、もっと沈むようにとボートの櫂で叩くようなことを、私は何度母にされたことだろう。

母のノートを読み、けれど母が私を嫌っていたのは思い込みではなかった。被害妄想ではなかったと知ることができたので、楽になったのも事実だ。

もちろん、実の母に「愛せなかった」と書かれていたことは、私の気持ちをひどく傷つけ、吐きそうにもなった。一方で、「もうこれで母の呪縛から解放されていい」のだとも思えた。幸いにもその時の私には、武田という「夫」がいた。そのことが私を支えたし、私の発達障害を診断した星野仁彦医師との最初の面談の時に言われたことを、私は何度も反芻して、心を整理した。

「母が冷たかったのは、病気のせい。母を憎んでも仕方ない。病気がさせたことだもの」と。

親が悪いんじゃない。病気がそうさせた

星野医師とは2010年の秋に取材で会った。取材なのに、私は自分のことを相談し始めて止まらなくなり、編集者がいるのも構わずやがて泣き出してしまった。

そんな私の話を星野医師は2時間以上聞いてくれ、やがて言った。

「あなたにはおそらく精神の問題があるので、きちんと検査して診断しましょう。ただ、あなたが親に辛く当たられたのは、家族的な病気のせいだという可能性があります。お父さんもアルコールの問題がありますが、お母さんのほうにむしろ問題がありそうですね。だとしたら、お母さんも優しくされない環境で育って、だから子供に優しくできなかったのかもしれない。あなたも辛かったけど、お母さんも辛かった。それはお母さんが悪いのでなく、病気がそうさせていた可能性が強い。悪いのはお母さんではなく、家族的な病気のせいかもしれないんです。お母さんを恨んでも始まりません、許してあげて下さい」

2010年のどん底の年に星野医師からこの言葉をかけられ、どれだけ救われたことだろう。私は大泣きして、継続的な通院と、精神の検査を決意した。

星野医師の見立ては検査で裏付けられ、私はアスペルガー症候群、ADHD（多動性障害）、AC（アダルトチルドレン）の混合型で投薬が必要と診断された。投薬開始予定のタイミングで大震災が起き、病院は損壊。投薬は数か月遅れたけれど、あの年に私は新しい人生を踏み出したと言える。この治療が、のちに大学ノート一杯の母の恨みの手紙を読み、心が壊れそうになった時も救ってくれた。「親の呪縛から自由になる」ということを、星野医師は長い時間をかけて私に伝えてくれたのだ。

2011年の初めは、私にとってはまだまだ辛い時期。震災前だから1月か2月だが、星野医師との面談の後、1人で新幹線に乗ることが恐ろしくて警察に駆け込み、今の主人の武田に、郡山まで迎えに来てほしいと電話をしてもらったことがある。

もう午後7時近く、横浜から迎えに来るとなると10時を過ぎてしまうからと、警察の人達が私を電車に乗せてくれ、東京駅で武田に席まで迎えに来てもらえるように手配してくれた。はたして武田は迎えに来てくれたが、郡山から東京までの90分がなんと心細かったことか。当時46歳の私は、1人で新幹線に乗って郡山から帰ることさえできなくなっていた。

武田の迎えを信じて新幹線の席で縮こまって泣いていた私の心に去来したのは、4歳の私の手を引き、2歳の妹を背に負ぶって雪の道を泣きながら歩いていた母の姿だ。その時も母は父の乱暴に耐えかね、私たちを連れて川崎の実家に逃げ帰ろうとしていた。冷たい雪の中を歩きながら、私は七五三の時に買ってもらったかわいいピンク色の、リカちゃんの写真の付いたお気に入りのかばんが雪に濡れるのが悲しくてたまらなかったことを覚えている。

母も私も吐く息が白く、妹の元々赤い頬がリンゴのようにさらに赤く染まっていた。母は妹が風邪を引かないようにと、何度も背中を覆う半纏《はんてん》の紐を結び直し、私が転ばないように手をシッカリと引いてくれながら、駅まで歩いた。この時はまだ私と母の間に普通の母子らしい絆があった。普通と違うところは、既に4歳の私が母に否定的だったことだろう。「殴られてもお父さんとお別れしないお母さんは、変わっている」と、いつも思っていた。普通なら「お母さん、かわいそう」と、より母子関係が密接になるだろうに。

実際、あの時に実家に留まることができて、離婚していたなら、まだ十分若かった母の人生は変わっていたかもしれないと思う。でも、母は川崎の実家に留まることができなかった。

その夜、母と私と妹は、移動と寒さで疲れ切って川崎の祖父母の家に着いた。子供だった私と妹は直ぐお風呂に入れてもらい、布団に寝かされたけれど、私は興奮のためかなかなか寝付けなかった。睡魔の中にはいたけれど、毎時鳴る柱時計の大きな音に覚醒したのを憶えている。眠くてなかなか開かない重い瞼を細く開けると、母が祖父母と話し、すすり泣いている様子が見て取れた。祖父は難しい顔をして何か低い声で喋っていたけれど、何を言っていたのかは聞こえない。聞こえたとしても、子供にはわからない内容だったと思う。おそらく「離婚したところで、ここにお前のいる場所はない」というような話だったんじゃないか。

祖父母の家は、トタン職人だった祖父の、8畳ほどの工場（こうば）と3畳ほどの台所、6

畳ほどの居間、その奥の布団部屋と小さなお風呂、小さく細い階段で1階と繋がる2階の4畳半が全てだった。私達が訪ねた頃は末娘が結婚し、狭い台所と6畳間を2階に増築して住んでいたけれど、昔の生活空間は6畳間と布団部屋、そして2階の4畳半しかなかったはずだ。そこで子供7人を含む9人が暮らしていたのだ。私たちが訪ねた時は末娘夫婦と末の息子が2階に住んでいて、布団部屋は天井までモノが積み上げられていた。私達を受け入れられないのも仕方がなかっただろう。

母はそこで育った7人姉弟の長女だった。中学を出て働き、自分でお金を貯めて夜間高校に行き直したらしい。これは父に聞いた話で、私は夜間高校卒としか聞いていなかった。

その夜間高校で父の弟に出会い、戸塚の家にみんなで遊びに行ったのが縁で、父と出会って結婚したのだという。私が発病してそれほど悪くなる前、まだテレビにも出て働いている頃に、数回だけ父と母が掃除に来てくれた。母がお使いに出ている間、一度だけ父と話して聞いた話だ。

「なんでお母さんと結婚したの?」

「早く結婚して家を出たいって言ったんだ。実家のこととかはあいつは話さなくて、だから結婚する前の話は、俺は知らないんだ。ただ、言えないくらい辛いことがあったみたいだな」

父と結婚する前の、実家での母の時間なんて20年弱だ。その年月が「言えないくらい辛い」生活だったのだとしたら、星野先生が言ったように、母も優しくされなかったのだろう。私が離婚したり病気になった時、家に帰りたいと頼んでも、憮然として受け入れなかったのは母だ。母はそうすることで、自分がされた冷たい仕打ちに対して、復讐していたのかもしれない。

結局、私達が家出した3、4日後に父が迎えに来た。父と母と妹と私、4人そろって住み慣れた戸塚の家に帰るのは嬉しいけど、もう少し川崎にいたいと思ったのを覚えている。

理由は、祖母が取ってくれた店屋物の中華焼きそば、大島市場という商店街で買ってもらった鶏肉のから揚げ。あんまりおいしくて、もう一度食べたいと思ったからだ。

でも、私たちを連れて戸塚に帰る父は本当にご機嫌で優しかった。おそらく南武線を使って登戸経由で帰り、小田急線に乗り換えて、長後駅から上飯田団地方面の戸塚の家に帰ったのだろう。長後駅前の中華屋で、チャーハン、ギョーザと中華スープ、それから私が川崎で食べて気に入った、五目硬焼きそばを注文してもらい、4人で分け合って食べたのを憶えている。外食なんてほとんどしない家族だったから、特別な思い出だ。母と私を取り戻して、父は本当に嬉しそうだった。母も父が何度も頭を下げて、「もうしませんから、帰ってください」と言ったことに、まんざらでもない様子だった。

私は父に「もうお酒は飲まないでね」とお願いする。父は、目に涙を浮かべて「もうしないよ」と約束した。私はこんな平和な日が毎日続けばいいと思う。妹もリンゴみたいなほっぺでニコニコと笑った。

けれど父は、数か月後にはその約束を破ってしまう。したたか酔っ払い、母を殴るかわりに、大型トラックに殴りかかろうとして車道に飛び出して轢《ひ》かれ、頭を割った。死ぬか生きるかのケガだったそうだが、数か月の入院の後に家に戻り、けろりとしてまた働きだした。唯一変わったことは、がりがりの背高のっぽで電信柱みたいだった父が、食べて寝るだけの入院生活で100キロに近い巨漢になったことだ。おかげでその後暴れる時は、ゴジラかキング・コングのように迫力を増した。

復職した父は、事故なんてなかったことのように過ごしていたけれど、その時頭に重篤な障害を負ったのではないかと私は思っている。父の酒癖は益々ひどくなり、飲むと暴れ、ちょっとした物音などに興奮して怒り狂うようになった。暴れた後は昏倒するようにいびきをかいて寝てしまい、起きた時には自分のしたことをみな忘れてしまう。そして会社に行く。本人は爽やかな顔で出て行くけれど、後に残された家族はくたくただった。子供たちは父親が暴れた翌日は、幼稚園や小学校には行けなかった。母も暗い顔をして黙りこくっていた。そんなことを繰り返して、私たちの家族はだんだんと壊れていったのだ。母がおかしくなるのも仕方がなかったと思う。

だから私は、もう母のことで悩んだりしない。母のノートを読んだ2015年頃から数年して出会うラパン・アジルのイヴさんも、主人も、口をそろえたように言ってくれた。

「君は新しく生まれ変われる。過去を捨てるかどうかは自分次第だよ、せっかくの残りの人生は、ポジティブに生きた方が楽しい」

まるで胎児のように

いろんな出来事の末に私は今の主人についていくと決めた。2011年の2月から8月、滞在していたホテルから埼玉の自宅に戻り、仕事場と自宅用に持っていた2軒をとにかく空にして売りに出す準備をし、今住んでいる川崎の家に引っ越した。ただし荷物の移動は全て業者任せ。2軒の家から運び込んだ100箱以上の段ボールは、1年以上も新しい家のリビング脇の畳の部屋と、今は衣裳部屋になった寝室手前の洋間に天井まで積まれたままだった。

その頃の私は段ボールを開梱する元気も仕事もなく、必要なのは寝間着とソファとバスタオルに下着だけ。そんな生活だったから、ちっとも困らなかった。実際、着替えさえ難儀で、障害認定もされたから1日おきにヘルパーさんに来て頂いて、掃除と、時々の入浴を手伝ってもらった。それでも基本的に毎日の着替えと洗髪、入浴はほとんど主人が手伝ってくれた。指先と関節が泣くほど痛くて、髪を洗うことができなかった。長い髪を乾かす間、座っていることもできず、ソファに横になって乾かしてもらうのが、今でも続く習わしになっている。

朝起きられない時は昼近くまで寝て、1時間もかけて着替え、歯を磨けばもう疲れてしまい、ソファに横になった。仮眠して気がつくと夕方。テレビをつける気力もなく、あとはたまにラジカセで音楽を聞く。そうしてまた寝ていると23時頃に主人が帰って来る。買って来てくれるお弁当を食べると入浴を一緒にして眠った。

それが主人と暮らすようになった、2011年の末から2013年はじめまでの生活。裁判に巻き込まれて自宅で寝ていた時を含め、2010年から2015年までのほとんどを、私は寝て過ごしていたわけだ。私は今の家に住むようになってから、掃除もごみ捨ても、食事作りもしたことがない。

少ししかない体力だから、回復したら創作に使っていいと主人は言ってくれた。料理も鍋を持ち上げられないし、包丁も持てないのでしない。主人が医療の仕事なので、独居老人や病気の方のためのデリバリーのお弁当の宅配を探してくれた。実際その方が野菜が食べられて、食材をあまらせずにすむ。買い物も外食も行けないから、方法はそれしかなかったのだ。

そんなふうにして、ほとんど寝ている間に裁判もおわり、いつの間にか結婚して「タケダアケミ」という新しい名前になっていた感じ。役所への届けも、引っ越しの手配も、保険の変更やいろんな福祉の手続きもみんな、主人とアシスタントがやってくれた。ものすごく大きな生まれ変わりの時だったはずなのに、私は自分では何もしなくて、何も憶えていない。この時期を紡ぐ言葉は何もないのだ。まるで胎児のようにひたすら寝て過ごしていた。つまりこの時に一度死んで、暗い胎内から再び生まれようとしていたのかもしれない。

どうせ尽きる命なら

2013年初頭、私はまだ医師に告げられた「余命宣告」におびえながら暮らしていた。2012年の後半から、少し体は動くようになっていたけれど、私の罹患した全身性強皮症は、ピークが5年目に来ることが多い。医師は2013年が山場だと予想していた。

実際、2010年以降、私の両腕の皮膚は固く動かなくなるばかり。炎症が進んで大腿部の後ろ側は真っ黒に変色。筋肉が失われて歩くのも難儀になり、間質性肺炎も進んでいると言われた。限局性の強皮症なら上腕部までで硬化は止まるが、全身性の場合、硬化は肩からやがて胸に至り肺などの内臓が硬化。間質性肺炎が進行すると、酸素ボンベなしには暮らせなくなる。同じ病気を抱える人たちの患者会「膠原病友の会」にも何度かお世話になり、何人かの友達と知り合った。互いに「布団を上げられなくなった。でも、今の福祉では今後とても一人暮らしはできない」などと話し合い、「いざとなったら何人かで一緒に暮らして福祉を共有し、毎日ヘルパーさんが来てくれるようにしてもらおうか」などと話していた。丈夫な人には想像できないだろうけど、寝ていてずれた布団を引き上げることもできなくなっていく。

私の病気をＷＥＢで知り、結婚前に暮らしていた埼玉の家の近所の患者さんから連絡をもらったこともある。彼女は歌手だったので、一緒にコンサートをできないかと言われ、彼女のコンサートを見に行った。ドキュメントの話まで進んで撮影を始めたが、その後連絡が取りにくくなったらしく、撮影は難航した。やがて彼女は酸素ボンベを抱えて苦しそうに現れる。病気が進行して入院していたのだ。私もしばらく動けなくなり、彼女と一緒の撮影は進まないまだった。彼女は文字通り命がけの大きい会場でのライヴを実現し、私も見に行ったが、その後すぐに動けなくなり、あっという間に亡くなってしまった。一緒のライヴはできないままに終わった。ドキュメントも中断。そのことは私にも大きな悲しみで打撃だった。

私もそうなるかもしれない。恐れながらも、２０１２年に今の主人と入籍。主人や周囲にいろんなことを助けてもらって、２０１２年にクリヤ・マコトさんとのジャズアルバムを、２０１３年には西尾圭吾名義の曲を提供してくれた後藤次利さんとのＣＤをリリースできそうになっていた。下手をするとこれが最後だと思い、私は気の合うカメラマンに写真の撮影依頼をして、フォトエッセイの出版準備も進めていた。

元々は出版社から出るはずで撮影と編集が進んでいたが、リーマンショックの影響で出版界が出版点数を減らす時期にあたり、頓挫していた企画だ。でも私は、「時期が悪いからと言って、引き下がれない」という気持ちだった。

「もうすぐ動けなくなり、死んでしまうかもしれない。それならCD発売記念を兼ねた結婚披露宴をして、今までお世話になった皆さんにご挨拶しておくのはどうだろう。結婚式は、許されるなら、靖国神社で挙げたい」と思った。レディースコミックから離れたくて社会問題を扱った時、一番のめり込んだのが自衛隊のこと、靖国神社のこと、そして拉致問題だ。私は日本のために戦った人たちは大切にしなくちゃいけないと自然に思ったから、靖国を悪いもののように言う戦後教育にどうしてもなじめなかったし、遊就館で英霊の部屋の手紙を読んで涙が止まらなかった。だから、結婚の誓いはそういう英霊の前でできたらと思ったのだ。そのくらい、私にとって結婚の誓いは大切なものだった。それはもちろん武田にとっても。

結婚披露宴はホテル椿山荘東京。一番好きなホテルで、一番体調の悪い時に休ませてもらったからだ。贅沢でも一番好きな場所で夢を叶えたかった。それに合わせてCDをリリースして、自分の出版社も立ちあげる。自費出版に近い感じでもいいから、きれいなフォトエッセイを完成しようと思った。

自分のマンションを売って作ったお金が、ホテル代の支払いや、引っ越しの資金を差し引いた後も1500万くらい残っていた。どうせ尽きる命なら、みんな使って好きなことを実現してしまおうと思った。主人も「そうしなさい」と言ってくれた。

結婚披露宴をすると決めた時、実の親のことが心をかすめた。でも、アテンドを頼む気にはなれない。主人も離婚したことを実家の親御さんに認めてもらっていない。かなりお歳も召しているし、地方からわざわざお越し頂くのはムリだろう、「それならば」、と思うご夫婦がいた。「横田滋さんと早紀江さんが、ずっとよくしてくれてたでしょう？　もし引き受けてくれるなら、親代わりを頼みたい」

私は2000年ごろから、「北朝鮮による日本人の拉致問題」の取材を進めていて、まだ認定される前から家族会の皆さん、特に最年少で拉致された横田めぐみさんのご両親、横田滋・早紀江夫妻に親しくしてもらっていた。

めぐみさんが私と1歳しか違わないこと、漫画が好きだったことから、漫画家の私に興味を持ってくれ、私が病気で街宣活動に参加できなくなってからは、「自分の娘が他国でどうしているかと思うにつけ、同じくらいの年のあなたを放っておけない」と、忙しい中、定期的に食事に連れて行ってくれた。そして、「もう生きている甲斐もない」と弱音を吐く私を勇気づけてくれた。

「私達も死にたいと思いますよ。でも、こんな私達でも生きているのですから。神様がお決めになる時まで、生きなくてはいけないんですよ」と、クリスチャンの横田早紀江さんはよく諭《さと》してくれた。

他の人に言われたら反感を持ったかもしれないけど、私以上の苦難を抱えて活動している早紀江さんに言われると、心に響いた。滋さんは当時早紀江さんの信仰に反対していたから、「神様なんていないよ」と必ず言い添えたけれど、「でも、未明さんみたいにまだ若くて、きれいな人が死んではいけませんね。ちゃんと病気も治して、また活躍してください」と静かな微笑みを浮かべて話してくれた。

そしていつも「困ったことがあればいつでも連絡してください、できることは。なんでもしますよ」と言ってくれた。

だから、可能ならば結婚式と披露宴で、横田夫妻に親代わりのアテンドを頼みたいと思ったのだ。

「横田さんは本当なら、めぐみさんの御式を見たかったと思うの。でも、かなわないままだから、披露宴の時にめぐみさんの写真をプロジェクターで映して、皆さんに拉致問題の解決をお願いしたい。マスコミの人も沢山来るから、話題にできるかもしれないし」

提案したら主人は「いいね」と言ってくれた。私は続けた。

「あとね、歌を作りたいの。拉致された人が帰ってきますようにって。政治集会を開いたりデモをしても、何だか怖いイメージでしょう？　圧力団体みたいに言う人がいるから悔しいの。人間として当たり前の、家族を取り戻したいというだけの話なんだから、それを、歌でナチュラルに届けたい。いろんな国の言葉に歌詞を翻訳して、ＨＰも作って……」

私は、主人と暮らし始める前の２０１１年2月から8月までの半年間、ホテル椿山荘にお世話になっていた。本当なら入院すべきなんだけれど病院は嫌だったし、かといって1人では暮らせないから、マンションを売ったお金の半分を費やして大好きなホテルに住もうと思ったのだ。たまたまその時に東北の大震災もあったが、ホテルにいたおかげで孤立しないですんだ。どれだけホテル椿山荘に助けられたかわからない、だから披露宴もそこでしたいと思ったのだ。そして残りの資金でＣＤや本を作ろうと。

そうして私は２０１１年の秋に今のマンションに引っ越すまで、毎日椿山荘の美しい庭を見て過ごした。動かない体で美しい庭を見ていると、涙がはらはらとこぼれた。こんな美しいところにいるのに、なぜ私は体を動かすこともできないでいるんだろう。今まで描いた作品に満足もできていない。訪ねてくれる友達もほとんどいない人生。沢山の後悔が心に去来した。

「今まで親への恨みとか、他の人より秀でて認められたいとか、そんなことばかり考えて生きてきた。だから私はこんな病気にかかったのかも知れない。素直じゃなかったから、ねじ曲がった心が、体を壊したのかもしれない」

ホテルの部屋から美しい緑の庭園を見下ろしながら、私はその時に決めたのだ。

「残りの命と時間は、自分が本当にしたい表現の実現だけに使おう」

とは言え、残りの時間があまり多くなく、絵も当時は描けなかった。ならば声を使い、拉致被害者を取り戻すための歌を作りたいと思った。それを世界に向けて発信することは、最後の仕事として意味があると確信した。

私が拉致問題にこんなに思い入れを感じたのは、自分が精神的に見捨てられた孤児だったからだと思う。いつも寂しくて助けてほしかった。だから年齢も1つしか違わないめぐみさんが、どれだけ辛い気持ちで救いを待っているだろうと想像したのだ。

それから、ご両親が半生をかけて娘を探していることが少し羨ましくもあった。私がもし誘拐されても、自分の親ならすぐに諦めてしまうのではと思ったから。

横田夫妻には本当によくしてもらった。

定期的に食事に連れ出して下さり、滋さんはお芝居が好きだったので、何回も一緒に、川島なお美さんのお芝居を見に行った。私のライヴにはいつも横田夫妻が来てくれていたけど、川島なお美さんも婚約のタイミングで鎧塚さんと来て下さり、以来横田さんご夫妻となお美さんの交流が始まったのだ。

ご夫妻とは新潟の集会後に駅で待ち合せて、会津までSLの旅をご一緒したこともあるし、滋さんとは高麗川に曼殊沙華を見に行ったこともある。それから、主人との不倫を疑われて裁判になった時に相談に乗ってくれ、結婚の話が持ち上がった時主人の「面接」をしてくれたのも横田夫妻だ。役所に届ける婚姻届けの証人としても、滋さんがサインして下さった。私は、いつの間にかお2人を「お父さん、お母さん」と呼ぶようになっていた。2人は否定したりせず、にこにこと受け入れてくれた。

結婚式の親代わりの話をしたら、滋さんがすぐに「やりましょう」と言ってくれた。

「自分の娘が、異国で困っていないかといつも思っているのでね。似たような年恰好のあなたの頼みなら。なんでもお手伝いします」

言われてどれだけ嬉しかったことだろう。

その後私は、披露宴に間に合うよう必死で歌詞を作り、仲良しのピアニストの遠藤征志さんに作曲をしてもらった。「青い伝説」という曲だ。この曲も紆余曲折があって、私が作ったものを含めて3つのバージョンがあるのだけれど、遠藤さんとのものが真打ち。やがて縁あって2018年にはバチカンの聖マリア・マッジョーレ大聖堂で歌わせて頂くことになった。編曲は、畏れ多いことに三枝成彰さんが引き受けて下さった。素人同然の私がオーケストラの伴奏で、しかもバチカンの聖堂で歌えるなんて。過分だけれどやりたいと思った。うまくできなくて笑われてもかまわない。どうせ尽きる命だもの、やりたいと思ったことをやり遂げて死のうと思った。

けれど私はその後も生き延びて、7年後2024年にも聖パオロ大聖堂で歌わせて頂けた。

こちらは、拉致だけでなく、広く震災被害者の方も含めて歌詞を作った。共に大切な方々を失ったり探したりされているので、「どちらの方の心にも、せめて安らぎを」と、祈って作った曲だ。この歌詞は2015年になくなった友人の歌手、千葉はなさんの名前からインスピレーションを受けて作ったので、タイトルを「はな」とした。2曲とも遠藤さんの曲で、こちらも再び三枝成彰先生が編曲してくださった。

こんなことが実現したのは、「この命のあるうちに意味のある表現をしたい」と願ったその祈りを、神様と皆さんが聞き届けて下さったからだと思っている。

結局、私は人生のリミットだと予告された2013年には死ななかった。

ただこの年、結婚披露宴前に音楽に合わせたビデオを作ろうと海に出て撮影したため、ひどい高熱に見舞われて1か月近く入院した。ステロイドパルスをしても熱は引かなくて、エンドキサンという免疫抑制剤を使った。「催奇性があるので、もう子供は産めないと理解しました」という同意書が必要な、強い薬。

その分効果はあって熱は引いたけれど、体からひどい異臭がしたので、6回でワンクールの治療だけれど、3回で終わらせてもらった。

医師は「また再発しますよ」と心配してくれたけれど、そのまま投薬を続けたら私の命が持たないと思った。結婚式にも出られなくなってしまう。「後日また熱が出たら、再度投薬を受けますから」とお願いして、退院させてもらった。

ありがたいことに私はその後、41度を超えるような高熱はほとんど出していない。結婚式も披露宴も無事に終えることができた。横田夫妻には、本当の両親のようによくして頂いて、私も精一杯、拉致問題の解決をお願いした。

式は6月9日。18歳の時に亡くした中学の同級生だった友人の命日が6月10日だったから、彼女のお母さんにもいらして頂いた。彼女がお嫁に行ったような気になってくれたら嬉しいと思った。お母さんは涙を流しながら、「おめでとう」と言ってくれた。この日の式と披露宴は、私のそれまでの人生の総決算だったと思う。

式の前の持病の悪化と投薬の時、私は命が尽きる崖っぷちにいたのだと思う。けれどその後何とか私は生き延びている。

今後のことはわからないけれど、もし私の人生に表現者の天命のようなものが在るのだとしたら、神様はその仕事をすませるまでの寿命は、授けてくださる。そんな気がする。

2013~2014年、フランス熱に浮かされて

結婚式の後、私は少し腑抜けたようになっていた。病気だったのに夢中で2枚のCDアルバムとPV、フォトエッセイを仕上げ、結婚式のための冊子や記念品まで作ったので。力尽きたのも仕方なかったかと思う。

まだすぐ死ぬというのでなければ、これからの活動を考えたいと思い、横田さんに捧げる曲を作ってくれたピアニストの遠藤さんを頼って、銀座のピアノラウンジ・BARBRAを訪ね、面接をしてもらった。

マスターの麻見和也さんはご本人が元アイドル。私がテレビに出ていたのも知っていて、「歌ってもいいけど、体は平気？　当日急に来れないとかは困るから、まず2ボーカル、歌手2人にピアノということで始めようか？」と言ってくれた。

ずっと憧れだった、都内のジャズスポットのレギュラー出演だ。まず年に3回、休まずに続けていくことを目標にした。他には仕事はない、体調さえ整えればできるだろう。

でも、ただ歌って満足ではなく、何か特徴のある歌手になりたいと思った。そんな時思いついたのが、「フランス語の歌詞に挑戦する」ということ。

英語を達者にこなすジャズ歌手は掃いて捨てるほどいた。でもフランス語で歌う人はあまりいない。シャンソンでさえ、日本では越路吹雪さんや、クミコさんのように日本の歌詞で歌われることが多い。フランス語を練習し、シャンソンをジャズメンの演奏で歌ったら特徴が出ると思った。

病気の悪化でしばらくフランス語の練習は休んでいたけれど、そもそもジャズボーカルを始めた時に同じことを考えていたことを思い出した。

新宿2丁目にソワレさんという、「青い部屋（戸川昌子さんのお店）」のプロデューサーを経て、渋谷で「サラヴァ！」という、ピエール・バルーの奥様のお店を運営している友達がいた。

彼は本当に何もできない時から相談に乗ってくれ、渚という日仏ハーフの大学生を紹介してくれたし、渚はピエール・バルーの娘さんのマイア・バルーとも友達で、都内の大きな木とブランコのある、素敵なおうちにも連れて行ってくれた。

ソワレさんのお勧めで購入した「シャンソン大全」には、後に入り浸るようになるラパン・アジルで歌われている名曲が沢山あった。私はフランスへの熱を益々高めていき、エディット・ピアフやフランソワーズ・アルディ、ジェーン・バーキン、セルジュ・ゲンスブール、ピエール・バルー、ジャック・ブレル、ジュリエット・グレコやバルバラなんかを聞きまくるようになる。

ジャズでは相変わらずチェット・ベイカーとブロッサム・ディアリー、それからサイレンサーを使って抑えめの音を奏でるマイルス・デイヴィス、ビル・エヴァンス、セロニアス・モンクなんか、それからボサノヴァも好きで、アントニオ・カルロス・ジョビンやナラ・レオンをよく聞いた。最近の人ではダイアナ・クラール、ステイシー・ケント、アンドレア・モティスもよく聞いた。ジャズの世界の中でも、やっぱり私はヨーロッパの香りを持つ人が好きだ。ブロッサム・ディアリーの根城はニューヨークだけど、パリで何度もコンサートをしている。マイルスやエヴァンス、モンクも同じ。やがて私はミシェル・ルグランの曲が一番好きだと思い至る。自分はいつかミシェル・ルグランの曲を持ち歌にして、ルグラン特集をできたらいいな。

そんなことを思って過ごしたのが2013から2014年。その後、自分がルグランの曲をレコーディングすると決意した時、まさかクリヤ・マコトさんからその息子を紹介されてデュエットできるなんて、想像もせずに……。

2015年。3人の友人の死と画家としての再起の決意

2015年は、私にとって大きな転機の年になった。2013から2014年はまだまだ長い休暇の中。歌は歌い始めたものの、収入はゼロだし、貯金も使い果たし、たまにBARBRAで歌わせて頂くのが精一杯だった。もちろんそれはものすごく幸せな時間だったけれど。

絵は相変わらず描けなかったけど、何かビジュアル作品を作りたくて、2013年にCanonの5D MarkⅢを買った。よせばいいのにプロが使うのと同じ物を買ってしまったものだから、持って支えるのも大変だし、撮影のたびに手が腫れ上がって大変だった。でも、いいカメラで写真を撮ることは大きな喜びになった。機材については、川島なお美さんから紹介してもらったカメラマンの渡辺達生先生に教えて頂いてそろえた。背景用のロールスクリーンを部屋に設置したいと言ったら、わざわざアシスタントさんが来て組み立てて下さった。

手が撮影のたびに腫れ上がり、包帯でぐるぐる巻きになるのを知って「だから軽いミラーレスにしなさいと言ったのに」と苦言を呈しながらも、一脚を使いこなせたら何とかなると、ま

た教えて下さった。ただしいつも「所詮は写真は機械だから、君は早く絵に戻りなさい。描けるんだから」と言い添えて。けれどその頃は、絵を描くことは想像できなかった。だからたまに趣味のように店で歌う。その時間は幸せだしみんなは優しくしてくれるけど、「昔の自分」と比べてかなり劣るような気がして、私は業界の知り合いと交わる勇気を持てなくなっていった。

私は2001年から文化団体のエンジン01という組織に参加させて頂き、ずっとよくしてもらっていた。けれど、周りの先生方は紫綬褒章を受けたりするような大家ばかり。ある時、初代会長の三枝成彰先生、当時の会長の林真理子先生に「私はもうお役に立てないので、退会した方がいいと思うのですが」と相談をした。けれどお2人とも「やめる必要なんかない、待っているから元気になって」と言って下さった。そして、団体と連携してできた、「3・11塾」という、震災孤児支援の団体の募金活動に参加させて頂き、本当に優しくして下さった。あの時思いあまって辞めなくてよかったと、つくづく思う。

もう1人優しくしてくれたのが、川島なお美さん。彼女は私が歌を歌い始めてから時々応援に来てくれて、彼女の結婚式にも呼んでくれた。私の結婚式の前後に何度か食事に呼び出してくれ、励ましてくれた。ある時など「有名な占いの先生に見てもらったの」と私の運命鑑定表を手に、赤坂のレストランでごちそうしてくれた。

「あなたは死んだりしないのよ。成功もする。でも、『早くから名誉ある場所で活動ができてしまうから、嫉妬されることに気をつけるように』って言われたわ。でも、とにかく今の病気で死ぬことはないって」

椿山荘で結婚のお祝いもしてくれたし、鎧塚さんの経営する小田原の一夜城にも、主人と私を招待してくれた。

なお美さんと鎧塚さんは、私たち夫婦を海の見える斜面の方に案内して、ミカン畑や野菜の畑、それからカカオの抽出をしているマシンも見せてくれた。

「ブラジルにカカオの農園も始めたの。俊さんが本式のチョコレートを作れるように」

2人は一般の方の生活とはかけ離れた大きな仕事をしてはいるけれど、誰よりも努力家で働き者だった。俊さんは片目の視力を失ったけれど、それでも変わらず休みなく働いている。成功して当然だと思う。なお美さんはそれまで役柄から贅沢で奔放なイメージがあったけど、本当に真面目で誠実な人だった。

「未明ちゃんはね、絵描きなんだから。歌もいいけど、また絵を描いたらいいと思うのよ。描いてくれるなら、私はいくらでもモデルをするから時間を作って会いましょう」

なお美さんも渡辺達生先生と同じことを言ってくれた。

招待された一夜城の時も「スケッチブックを持ってきてね」と言われ、クロッキー帳と鉛筆を持っていた。私は彼女の横顔と正面の顔をまず描いてみる。彼女は「素敵だけど」、と言いながらも「私はこんな鷲鼻じゃないわ、もう一回描き直して」なんて言う。いつも、子供のように無邪気な人だ。この時が2015年の2月。今だから言うけれど、彼女は数週間あとに胆管癌の内視鏡の手術を控えていた。私と主人に手術の方法や予後について相談したかったようだけれど、私がクロッキーの途中で「絵も描きたいけど、手は自由に動かないし、自信ない。私はもう終わってしまった普通の人だから」と泣き出してしまったので、結局、私を励まして車まで送ってくれ、この日の会話はそれで終わってしまった。

彼女が大変な病気をかかえて、2月末に手術していたと報道されたのはその半年後のこと。私たちは再びその頃に会って、私の家で彼女の写真を撮影した。なお美さんは「11月にバースデーコンサートをするから、そのポスターと年賀状に使う写真を撮影してね」と、私の家まで来てくれたのだ。私は精一杯の準備をして彼女を迎えた。私は彼女に聞いた。

「最近体調が悪いと報道があって、吃驚した。大丈夫?」

「平気よ。元気になるために手術したんだから」

なお美さんは答えた。そして続けた。

「2月に一夜城で会ったでしょう? あの時に本当は相談したかったの、ご主人もいたし。でも、あなたが泣きだしちゃうから話せなくて――。話さなくてよかったのよ。誰にも言ってなかったから、どうして手術のことが報道されたかは今でも謎なの。ただ、あの時、未明ちゃんに話していたら、私は未明ちゃんを疑ったかもしれない。そんなことにならずにすんだから、話せなかったのが良かった」

そう言って彼女は笑った。私はまだ心配だったけれど、なお美さんがあんまりきれいなので、命の危険があるようには見えなかった。だから彼女の言う通り、大丈夫だと思った。

この時撮影した写真が、彼女の遺影として使われることになる。結局、なお美さんはその数か月後、9月24日に亡くなった。最後まで舞台に立って、その上で倒れて搬送されたまま、帰らぬ人になった。私には最後まで病気のことは言わずに。

この2015年程私にとって辛かった年はない。なお美さんだけでなく2月には高山尚子さんという、私のステージのドレスを作ってくれていた、ウェディングドレスデザイナーの友達が。そして4月8日には、私や遠藤君と共通の知り合いだった千葉はなさんという歌手の友達が亡くなった。高山さんは椿山荘に自分のドレスを納めていたし、はなちゃんは「羊毛とおはな」というユニットでたくさんのヒットを記録した素晴らしい歌手だった。3人とも素晴らしい才能と優しい心を持っていた。最初に病気になった私を、みんなが勇気づけてくれた。なのに3人とも、私より後にがんに侵されて、あっという間に亡くなった。

主人が医師であることもあって、尚子さんもはなさんも、最後の頃の治療の相談によく連絡をくれた。主人も私の大切な友達だからと、可能な限りの情報を伝えたりしてくれた。実はなお美さんも主人を訪ねてくれていた。でも、主人は医師としての守秘義務があるからと、私には決してそのことを言わなかった。

今際の際まで連絡を取り合っていた分、続けて皆が亡くなったことは、本当に私の心を打ちのめした。母のノートで傷ついた時よりもっと深く。

そして私は思ったのだ。

「描かなくちゃ」

そう強く思ったのは、川島なお美さんのお葬式。

私の写真が遺影に使われているのを見て、私を本当の友達だと思っていてくれたんだと、今更ながらに感謝した。そして、彼女があんなに私の絵を見たがっていたんだから、どんなに手が痛くても、腫れても、動かなくても、描かなくちゃ。そう思った。

なお美さんは腹水がいっぱいになり、意識が混濁して舞台で倒れるまで命を削って女優を貫いた。どれだけ痛くて苦しかったろう。はなさんも尚子さんもぎりぎりまで自分の表現のために戦っていた。ならば、私も頑張らなくちゃと思ったのだ。みんなが命と引き換えるようにして、私に「絵を描いて」と言ってくれた気がした。でなければ、あの状態で絵を描こうとはとても思えなかった。

画家として再起への準備

画家になろうと決意したものの、ただ私はまだまだ手が不自由で力もなかった。だから、力を入れないで描ける絵はないかと考えた。私の頭に浮かんだのは、コクトーのエッチングだ。コクトーの作品は素晴しいがシンプル。その線が強いのは、「エッチング」という薬品で版の線を太くする技法を使っているからと聞いたことがある。

「エッチングならできるかも」

私は思いつき、すぐに版画の先生を探し始めた。あちこちに聞いていたら、その時期、短期的に交流のあった芸大出身の歌手の人が、同じ芸大出身の版画家、重野克明先生を紹介してくれた。

重野先生は、私が重い病気だというのを知って、わざわざ水戸から会いに来てくれた。本当は一度会って、簡単に版画の希望や道具について説明して帰るつもりだったのだと思う。ところが、先生は小さな銅版画とニードルを下さって「何か描いてみてくれます?」と言った。私は先生の横顔を簡単にデッサンした。その様子を見て、「速いですね、それに、うまい」と先生。「元々は漫画家なので。でも今はあまり手が動かないし皮膚が過敏だから、強い線が描けないんです、こんな線では版画はダメですよね? だからエッチングにする必要があるのではと思って」

するると先生は、「いや、このくらいの線でも十分ですよ、弱いのも特徴になる」と言ってくれ、「むしろエッチングは薬品を使うので、無理にやらないで、まず普通のドライポイント(銅版画)から始めませんか? 文房堂という神田の店が版画の道具は充実しているので、まずは何か買って、好きなサイズで何枚か描いてみてください。それを送ってくれたら試し刷りをして、また訪ねます。それを繰り返して、作品を作っていきましょう」

そう言ってくれた。

水戸から都内、あるいはその後に私が移り住んだ川崎まで来るのは大変なことだ。でも先生は最初の展示会ができるまでの間、何度も何度も足を運び、作品作りを手伝ってくれた。その後、本格的な個展の時、プロの摺師《すりし》さん、白井版画工房を紹介して頂き、通うことになった。白井さんもまた沢山手伝って下さった。

やがて作品を描き溜めると、主人と会うきっかけになった銀座のクラブのママが、吉井画廊という有名な画廊を紹介してくれた。

「とにかく、作品を持っていって。結果はあなた次第」

そう言われて、初めてその画廊を訪ねた時は心臓が高鳴った。その画廊と、私が会った初代のオーナー、吉井長三さんのことは誰もが知っていた。とても有名な画廊だ。

「ダメで元々」

清水寺の舞台から飛び降りるつもりで作品を床に並べた。ある年長の画家さんから、「あそこのオーナーさんは、見る目はあるけど厳しいから、覚悟して」と言われていたからだ。けれど長三さんは帰りなさいなどとは言わずに、丁寧に見て下さり、「いいと思うよ。来年あたり、個展をしてみれば」とおっしゃった。

息子さんとその後何回か面談をして、「拉致問題解決の応援をしているようだから、横田夫妻の肖像をメインに、祈りとか、そういうことをテーマに描いてみては」と言って頂いた。そのテーマを頂いた時、命を削ってでも挑みたいと思った。絵を売るための画廊でそんなことをやらせてもらえるなんて、想像もしなかった。そのことを銀座のママに伝えると「良かったわね、あそこで決めるなんて、すごいわ」と喜んでくれた。

私も頑張ったけれど、私が画家として道を歩み始める時に、本当に沢山の人が助けてくれた。

1人で生きているんじゃない。

一番はやはり主人だ。材料を買うのにも、版画をするのにもお金がかかるのに、文句一つ言わずに支払ってくれた。私の手が腫れれば、薬を塗り、包帯を巻いてくれた。痛かったけど、辛いなんて言っていられなかった。

その頃、キリストと主人のイメージを重ねたような作品や、マリアの像も描いてみた。私にとって祈りと共にあるもう一つのテーマはたぶん「痛み」だ。私の身体や指先、関節も痛いけれど、私を支える主人の心や懐も痛い。みんながそうやって痛みをこらえて作品を作っていく。1枚も売れないかもしれないけれど描く。リスクを負うのは画廊も同じだろう。お絵描きに大の大人が付き合ってくれるのだから、頑張るしかないのだ。

私は何回も吉井画廊に通うことになり、その都度、次期社長になる息子さんから沢山の画集を頂いた。「うちの画廊は特にエコール・ド・パリが得意で、マチスとかシャガールは、本物も沢山あるので、そのうちお見せしますね」と言われ、そんな有名な作品を扱う画廊との縁を頂いたのだとまた驚いた。

マチス、シャガール、ユトリロ、ルオー、そしてモディリアーニの絵が、私は大好きになる。ピカソもその流れとちょっと離れたところで佇んでいる感じ。

エコール・ド・パリ。それは今でも変わらずに私の心を揺り動かす画壇の潮流。だから、私はその2年後にパリに渡った時、エコール・ド・パリの画家や作家、音楽家たちが出入りし友情を交わした場所、ラパン・アジルを訪れた瞬間に魅了されてしまったのだ。

翌年の個展を目指して2016年に私は、山梨県にある清春芸術村という場所に2回滞在して、版画を削った。1900年のパリ万博のパビリオンとして作られ、後にエコール・ド・パリの作家たちが集った「ラ・リューシュ（蜂の巣）」という、モディリアーニやスーティン、シャガールが過ごしたのとそっくりのアトリエを再現したものだ。吉井画廊の初代オーナーの長三さんが作り上げたという。元々は本物を買うはずが直前でフランス政府が渋ったため、長三さんがエッフェルによる設計図を手に入れ、山梨でそっくりに再現したのだという。本当にきれいな素敵な場所だった。

当時は、まだ体調がおぼつかなかったので、出かける時は主人が保険証や近くの病院の情報をそろえてくれ、滞在中は毎週、様子を見に来てくれた。1回目は夏で照り返しが辛く、天窓に遮光カーテンを張り付け、2回目は晩秋で寒かったのでホットカーペットとファンヒーターを持ち込んで作業した。夜遅く、ふと空が明るいのに気づいて外に出ると、降って来そうな満天の星空に圧倒された。晩秋の寒さを忘れるほどの美しさだった。私は天の川を生れて初めて見た。ミルキーウェイとはよく言ったもので、乳が流れたように見える。そのあたりは小海線の野辺山天文台から20kmほど、日本で一番空がきれいな界隈と言ってもいいのかもしれない。

その星空を見ていた時、私は2024年にバチカンの聖パオロ大聖堂で歌うことになる「はな」という曲の歌詞を思いついた。2013年の結婚式で作った「青い伝説」の他に、もう一つのオリジナルソングを作りたいと思っていたが、なかなか歌詞ができないでいた。「青い伝説」は拉致問題をテーマに作ったけれど、もう一曲は広く震災被害者の方や、愛することを失った人、辛い思いでいる人に向けてと思った。でも、被災者の方の痛みを思うと、なかなか言葉を綴れなくて、何年も放っておいた。それがこの時、天から「降るように」落ちてきた。

そらとうみが出会う水平線から
輝く1日うまれて来るよ

夕暮れには輝く星たちが
安らかな眠りを連れて来るよ
全ての人にふりそそぐよ

この1番の歌詞はすぐにできた。私は部屋に戻りノートに書き留めた。2番、3番はもう少しストーリーを広げたが、1時間もしないうちにできてしまった。あまりに簡単にできてしまってこれでいいのかとも思ったが、1年近く悩み続けていたので、時が満ちた時、熟れた実が落ちるように作品が生まれるのは自然なのかもと思えた。絵もきっとそう。

私は何にもないところから絵を志し随分、回り道もしてしまったけれど、ようやく今、絵を描いていて、夢に見たような画家さんの名前がつけられた部屋で制作をしている。

「幸せだなあ」

私は美しく広がる空を再び窓から見上げながら思った。

人間みんな丸裸で生まれて死んでいく、そりゃあ恵まれた星の下に生まれる人も沢山いるけれど、人と比べることは意味がないんだろう。自分がまっすぐな気持ちで生きていれば、必要な出会いがもたらされて、時に運をつかむのを許されることもある。

自分でできる精一杯をやって、神様が下さる人生に満足したらそれでいいんじゃないか。そう思えた時、私はとっても自由になれた気がした。もう私は親を恨む必要も、恵まれた友達にコンプレックスを抱く必要もないんだ。

画家デビュー。そしてラパン・アジル!!

2017年2月、私は画家として初めての個展を開くことができた。最初にお会いした吉井画廊のオーナー、長三さんは亡くなってしまい、個展を見て頂くことはできなかったけれど、チャンスを頂けたことに心から感謝している。

展示会では一枚でも売れたら幸せだと思っていたのに、近年のその画廊ではなかったくらいに売り上げることができた。一つには私の闘病を支えようとしてくれた方たちがいたおかげだろうし、テーマが主に横田夫妻の肖像だったから、拉致問題を応援したいと思っていた方たちがお求め下さったのだとも思う。本当に何というありがたい画家としての出発。

けれどこの時、私の絵を見に来てくれた横田滋さんが驚くほどに弱っていた。

個展の1か月前に開いたサントリーホールでのチャリティーコンサートでも、ステージに上がることが難しいほどだった。飯塚繁雄さんと横田早紀江さんがステージに上がり、義援金を受け取って下さったけれど、飯塚さんもこの頃から随分とお疲れだった。今は横田滋さんも飯塚さんも鬼籍に入られたが、私は2017年のその時、「まだ数年なら大丈夫のはずだ。この状況を広く知ってもらい、一刻も早く解決しなくては、本当に間に合わなくなってしまう」と、思わずにはいられなかった。

「青い伝説」の他にもう一曲、「はな」も遂にでき上がった。あとは何かいい形で発表して、世界にこの問題を知ってもらいたい……。

そんなことをいつも考えるようになった。そして、「海外だったら、例えばバチカンで歌うのはどうだろう、広場ででも、入れなければ城壁の外でもいい。世界中の人が祈りに訪れる場所で、私も祈り、歌わせてもらえないだろうか。それを自撮りでいいから撮影し、ユーチューブにアップしたら、少しは話題になるかもしれない」。その思いは2017年の1月と2月に横田滋さんの弱った姿を見てますます強くなった。

自分は主人と靖国神社で式を挙げさせて頂いているから、神様にお願いという意味ではもちろん国内の神社でも祈り続ける。今後も靖国参りは続けさせて頂くけれど、世界に発信していくには、西欧の神様にもお願いした方がいいと思った。それに、日本の神様は、他の宗教にかかわることを禁じていないはずだから、調子がいいかもしれないけれど、許してもらえるのではと勝手に考えた。

2017年1月のコンサートと2月の個展の準備をしながら、私は2016年の秋から、バチカンでの歌唱と撮影について考えていた。しかし、どう実現していいかわからない。そんな時、仲良しのオペラ歌手の藪田瑞穂さんと参加したパーティーで、私は運命のような出会いをする。ある男性歌手がステージで歌い始めると瑞穂さんが言ったのだ。

「あ、私、あの方とニューヨークのセミナーでご一緒したことがあります。彼は榛葉《しんば》さんといってバチカンと縁が深くて、ローマ法王の前でも歌ったことがあると聞いています」

やがて私をバチカンへと誘なってくれた榛葉昌寛さんとの出会いだった。

2017年は、私にとって特別な年だ。2月に画家として再起し、1月にはコンサートも開くことができていた。個展のあとすぐに榛葉さんがミラノから帰って面談してくれ、3月にはなんと、モンテリーズィ枢機卿にご紹介頂き、さらにローマ法王に手紙を届けて頂いた。そしてわずか2週間の後、翌年の聖マリア・マッジョーレ大聖堂での歌唱を許可されたのだ。

6月にパリに行った時は、偶然のきっかけからラパン・アジルに連れて行ってもらい、「ここで私は生まれ変わる」という確信を得た。帰国して7月から榛葉さんと歌の特訓を始め、11月には三枝成彰先生のイグナチオ教会での「最後の手紙」のコンサートを聞くためにローマを訪ねた。その後パリに渡って、クリヤ・マコトさんと合流し、長年の憧れだつたミシェル・ルグランの息子さんの、バンジャマン・ルグランを紹介されたのだ。今もお付き合いの続く大切な方たちに、私はこの年に集中して出会っている。

そんな運命の2017年、6月29日に私はラパン・アジルを訪れる。

それもたくさんの偶然が重なって私はラパンに出会ったのだ。

そもそも2017年の6月は、画廊の紹介である画家の先生について、フランスでのスケッチ旅行に参加していた。でも、いろんな行き違いから先生と仲違い。大泣きして主人に電話し、飛行機の便を早めて私は帰国すると決めた。

当時の私はまだまだ半分病人で、主人をはじめ、沢山の人が私のフランス行きを心配してくれていた。しかも予定は3週間。山梨のアトリエに滞在した時以上に主人は保険などの手続きを周到にしてくれ、周りの友人たちが「困ったら訪ねて」と、パリ近辺のお知り合いや医師などを紹介してくれていた。その中に「太郎さん」がいた。

私は帰りの便が決まるや否や、パリ郊外のホテルからパリ市内のホテルに移ると決めた。パリに向かう道すがら、「困ったら訪ねてね」と言われた友人の知り合い、「太郎さん」に連絡。すると、「今日はたまたま母とモンマルトルのレストランで食事なので、そこでお目にかかりましょう」と、ラマルク通りのレストランを指定された。

彼はまだ30代、フランスに来て5年という青年だった。フランス語も達者で、いろんなことを知っている。その日、日本からいらしたばかりの母君も社交的な方で、突然現れた私を歓迎して下さった。

私は突然訪ねた理由を簡単に説明し、「明日帰国なんですが、今回はルーブルさえも見ていないので心残りです」と言った。

すると太郎さんは言う。

「それは残念でしたね。しかも、今夜が最後のパリの夜ですか。未明さんは画家で歌手ですから、ラパン・アジルに行きましょう。このレストランからすぐなんです。エコール・ド・パリの時代の画家や歌手、文化人などが出入りした有名な場所なんですよ。そして、本格的なシャンソンが聞けるんです！」

そうして私は遂にラパン・アジルを訪ねたのだ。その後ずっとお世話になるイヴさんが89歳の誕生日を迎えた直後だった。そしてそのショーを見るや魅了されたのは冒頭に書いた通り。

私にとって、運命に導かれた一夜だった。

ラパン・アジルの取材開始。オーナ宅に居候

ラパン・アジルを2度目に訪れたのは、2017年の11月。この時に、ミシェル・ルグランの息子、バンジャマン・ルグランさんと初めてのデュエット録音。紹介してくれたピアニストのクリヤ・マコトさんとパリで待ち合わせ、モンマルトルのWEPLERと言うレストランでバンジャマンと会った。

WEPLERは「ホテルから近いし」、と偶然ウォークインで入ったのだけど、私が着物だったせいかとても親切に対応してくれ、予約はしていなかったが席を空けてもらえて食事した。後で知ったことだけれど、ロートレックやピカソなどの画家、トリュフォーやヘンリー・ミラーら文化人が愛した著名なレストラン。近くにムーラン・ルージュもあった。なんて素敵な偶然。

この滞在の時に、クリヤさんと2度目のラパン・アジル訪問体験をした。あまり長く居られなかったけれど、私たちが日本人だとオーナーやミュージシャンが気づいたようで、歌詞の中に「ジャポネ」とか、「YAMAHA」とかいう言葉を織り交ぜて楽しませてくれた。

私たちが立ち去る時、クリヤさんがいて素人じゃないっていう感じがしたのか、私も真っ白い毛皮だったりしたし、手を振って出て行こうとすると、お客さんが拍手して送り出してくれた。不思議な嬉しい経験。クリヤさんも「楽しい店だね」とご機嫌だった。

私はこの時に、いつもみんなをリードする白髪の年配の方が、この店の店長かオーナーなの

だと気づく。彼はどこか日本人風で、私は「将棋の故・米長邦雄さんに似ているな」と思った。ほほ骨の高い、ちょっとカッコイイお爺さん。

後ろ髪を引かれる思いで店を後にし振り向くと、大きな古い大木がとても印象的。私はその角度で写真に収め、次に来る時に、その画角の版画を作ろうと決めた。次は版画をプレゼントしてあのオーナーに話しかけてみよう。そして自分の歌を聞いてもらうんだ、と思った。

2018年、聖マリア・マッジョーレで歌う

それからすぐの2018年3月、私はローマに行ったけれど、パリを訪れることはできなかった。ローマで、人生の大事件と言っていい体験をしていたからだ。

2016年末に出会い、2017年初めに再会したテノール歌手・榛葉昌寛さん、そしてモンテリーズィ枢機卿らのサポートを得て私は、遠藤征志さんと作ったオリジナルソングを、バチカン市国に属する聖マリア・マッジョーレ大聖堂で、東北の震災復興支援コンサートの一幕にロッシーニ歌劇場付属管弦楽団の演奏で歌わせて頂いたのだ。「拉致問題の解決を祈りつつ、さかもと未明が歌う」という企画で登場することを許されたのは、教皇と枢機卿の特別な計らいだった。

私が最初に榛葉さんに声をかけた時は、そこまで大きなことを考えてはいなかった。バチカン市国の外からでもいいし、可能ならサン・ピエトロ広場でアカペラで歌って自撮りで撮影し

てユーチューブ動画を作る、そのくらいのことしか考えていなかったのだ。

でも、許諾の問い合わせ先を質問した私に榛葉さんはいった。「僕は、2012年から続く、「バチカンから日本へ、祈りのレクイエム」という、東日本大震災の被災者、被災地に対しての復興支援コンサートのプロデューサーなんです。どうせならバチカンの大聖堂で、オーケストラに演奏してもらって歌いませんか？　その方が絵になるし、世界に訴える力も出てくると思うんです」


「オーケストラ⁉　それはもちろんすごいと思いますが、私は病気で声も小さいし、オーケストラと歌うなんて無理です」

私は言った。しかし榛葉さんは「練習しましょう、手伝います」と言う。

私の脳裏に「いつ死ぬかわからない」という思いが浮かんだ。また、日本ではほとんどの人が「拉致問題」と聞くだけで「かかわるのはちょっと」という反応になる。2017年の時点でさえ日本で拉致について語ることは、いまだタブーの香りがまとわりついた。でも、海外が長い榛葉さんは言ってくれたのだ。

「沢山の日本人が拉致されて何10年も解決しないなんて異常です。人命にかかわることなんですから、きちんと世界に訴えて解決しないと」。

こんな反応をしてくれる方は今までいなかった。だから私はまだ会ったばかりだけれど、「この榛葉さんという人を信じてみたい」という気になった。そして、「とにかく実行できるか、バチカンと交渉しましょう」ということになったのである。

「次の3月、震災復興コンサートのために、ロッシーニ歌劇場付属管弦楽団の皆さんと一緒にモンテリーズィ枢機卿が来日されます。例えばですが、記事媒体を探してインタビューをして、未明さんの拉致問題解決のための歌唱について頼んでみるのはいかがですか」

モンテリーズィ枢機卿は、２０１９年の令和の即位の礼に、教皇の代わりで出席されるような方。枢機卿に直にインタビューできるということで、「新潮45」での執筆が決まった。

私は一行のツアーに広島から参加し、枢機卿にご挨拶。当時の私はまだ歩くのが難儀で車椅子だったこともあって、枢機卿や楽団の皆さんがすぐに憶えてくれて、親切にして下さった。アテンドをつけるお金もなかったので、ホテルで借りた車椅子で移動バスに乗ったけれど、いろんな人が助けて下さり、同行している間、一度も困ることはなかった。

枢機卿とは仙台で再会。新潮社の編集者やカメラマンも合流してくれて、私たちはインタビューを開始した。まずは震災復興コンサートの意義や被災地の皆さんへのお言葉を頂く。他国のことなのに、真摯に地元の皆さんの傷を癒やすため祈ろうとしていることに感激した。既に当時80歳を超えていたのに、長旅でローマからついてすぐ翌日、広島の原爆記念館を見学。掛川、北海道、そして仙台を回って最後が東京公演。

「お疲れになりませんか?」と伺うと、「私は神に仕えることを決めた身なので、疲れは問題ではありません」と微笑まれる。あまりにもサラッと言われた時、私は鳥肌が立つのを感じた。

こんな方に会ったことがない。

私は、「この方ならわかって下さる」と思い、拉致問題について説明し、「私が病気の時に本当によくしてくれたご夫婦の娘さんが、もう40年も誘拐されたままでお気の毒なんです。ぜひ、バチカンで帰国を祈りながら歌わせて下さい」とお願いした。

枢機卿は、少しためらい、「それは……、実は少し難しいのです」と言った。

「私は韓国にいたこともあるので、その問題のことはよく知っています。他国を非難する行為でもあるので、考えさせて下さい。バチカンはどの国とも仲良くしていたい」

そう言われた。そして席を立とうとしたが、私が机の上に並べた横田滋さんの写真をご覧になり、もう一度私の方を向いて言われた。

「私は2日後の飛行機でローマに帰りますが、それまでに教皇に英語で手紙を書けますか？事件の概要がわかる新聞記事のデータなども添えて、手短にまとめたものを頂けたら、責任をもって教皇にお渡しします」

私は「できます」と答えた。なぜなら、膠原病の悪化でベッドにいることが多く、仕事が全くなかった2010年から2015年までの間、私は拉致問題の概要について説明し、救いを求める記事を、英語で自分のＰＣにまとめていたからだ。遠藤さんと作った曲には英語だけでなく、フランス語、イタリア語、韓国語の翻訳をつけてそれもアップした。資料となる写真については、産経新聞社が公式に使用許可を下さった。

すでにできているものを、写真や記事データも含めて数枚の手紙にまとめるのは容易だ。私は翌日すぐに帰京し、データをまとめた。

困ったのは教皇への呼びかけだ。いわゆる貴族について語るときは（His /Her）Majesty, 王室なら（His /Her）Royalty, 枢機卿には His Eminence と、尊称をつけるが、直接手紙にしたり呼び掛ける時は、Your Majesty, Your Royalty, Your Eminence となるようだ。では教皇は？　今はGoogleで、(His/The) Holinessと検索できる。そして語学の先生によると、直接手紙を出したり呼び掛けの時は、Your Holinessあるいは、Pope Francis（名前をいれたいときはPopeだけ）、となるようだ。枢機卿も名前をいれるなら、Cardinal Momnterisiとなるようである。私は当時は調べきれずに、Sir. Pope Francisとしてしまった。

明らかな間違いだったけれど、渡すしかなかった。

とにかく私はその手紙に新聞記事などを添えてプリントしてから、枢機卿が滞在されているホテルに向かった。その日は夜遅かったがチェックイン。翌朝8時、ロビーに皆さんが集まると聞き、それより30分早くロビーに出て、一行を待った。

果たして枢機卿を含む皆さんがお越しになり、枢機卿は私を見つけて近づいてきて、手紙を受け取って下さった。

「必ず私が責任をもって本人に手渡します」と言い添えて。

世界中から手紙をもらう方に、私の手紙を読んで頂くなんて可能なのだろうか？　私は枢機卿のお言葉は信じていたけれど、お返事がなくて当たり前だから、がっかりはしないと決めていた。

けれどそれからわずか2週間後、榛葉さんから連絡がきた。

「さっき、教皇がカイロからローマに向かう機中で〝北朝鮮が起こしている深刻な人権問題に対して、諸外国は武力以外の方法で介入し、解決しなくてはいけない〟と声明を出したという報道が出ましたよ」

榛葉さんは続けた。「枢機卿から連絡がきました。未明さんはバチカンで歌えます」。
その時の感動は生涯忘れられない。

私は、幼い日から辛いことが沢山あった。人にはわかってもらいにくい重い病気も抱えた。死の恐怖とも戦った。でもその代わり横田夫妻や榛葉さんや、枢機卿や、絵を描くこと、音楽を続けることを助けてくれたいろんな人に会えた。そしてまさか人生でローマ教皇に手紙を直に読んでもらえるなんて。

そんなこと、普通ない。「私の人生は報われた」と、この時思った。だから後は感謝して、少しでも良い表現を残すために。この命を使わなくちゃいけない。

コンサート参加の決定を頂いた後、私はすでにパリ行きが決まっていたので、練習は初夏からになった。本番までには8か月くらいしかなかったけれど、榛葉さんは「ベルカントで歌って頂きます」と言う。私は「はい」と返事するしかなかった。

一度は死を覚悟した命なのだ、恥なんかかいてもかまわない、うまく歌えなくても、横田さんのために少しでも役に立てるならそれでいい。

ちょうど枢機卿に出会った頃、横田滋さんは本当に弱り始めていて、私の目にも「もうあまり長くない」という感じだった。私はその祈りが最後のチャンスだと思った。バチカンでの歌唱について相談した飯塚繁雄さんも、「ぜひ実現してほしい。応援します」と言ってくれた。飯塚さんも今は亡くなってしまったが、長年の疲れからか、この頃、膠原病を発症していた。

私と同じ病だということもあり、飯塚さんとも距離が縮まっていた。

私はこのパフォーマンスをきっかけに何とか世間を動かしたいと思い、横田さんに「辛いと思いますが、今の体調をリアルに伝えるドキュメントを作りませんか?」と提案した。早紀江さんはあまり乗り気ではないように見えたけれど、滋さんは「何でもやりたい」と言ってくれた。飯塚さんも「ぜひお願いします。横田さんは辛いだろうけど、同情を集めて世界の世論を動かすしかない、これが最後のチャンスだ」と応援してくれた。実際、それは最後のチャンスだったのだ。

実は、あるテレビ局が後押ししてくれていた。よく知られたドキュメント番組が特番で扱ってくれるという話も決まり、拉致対策本部にも相談に行った。すると若い担当の方が、「素晴らしい、連動したい」と言ってくれたのだ。少しは世間を動かせるのではと、私も榛葉さんも必死で練習を重ねた。

でもローマ行きの1か月くらい前に、拉致対策本部の担当の方が、上司と一緒にわざわざ私の家に来て「残念ですが、連動はできません」と言った。どうしてなんだろう、世界に訴える良いチャンスなのにと思った。でも、理由は特に言えないという。無理強いしても仕方ないので、私はそれ以上は聞かなかった。

驚いたのはテレビの方もだ。帰国後すぐに特番になるはずで準備していたのに、帰国して羽田からの帰りのタクシーに乗っていると、慌てた様子のプロデューサーが電話してきた。そして彼が言った。

「未明さんが関わった番組は放映できなくなりました」

予定された報道はみんなお蔵入りになり、私は自分のユーチューブに完成した動画をアップできただけ。その2年後に、遂に横田滋さんは亡くなってしまわれた。飯塚繁雄さんもその翌年に亡くなった。悔いはあるけれど、最後は神様の下さった運命を受け入れるしかない。それは諦めともまた違うのだと思う。

寂しかったのは、滋さんが亡くなる前に再会がかなわなかったことと、早紀江さんと交流が途切れてしまったこと。

実は私が聖堂で歌い出す少し前に、横田さんのお宅に電話をした。早紀江さんがお出になって、私は「今から歌いますので」とお伝えしたけれど、その時の早紀江さんの反応は随分そっけないものだった。わたしは「あれ?」とは思ったのだ。でもすぐに本番だし、気にしないことにした。

実は私が歌い出す少し前に、滋さんが倒れて、口がきけなくなってしまっていた。早紀江さんはその時、動転されていて、あんな反応になってしまったのかもしれない。

帰国して、滋お父さんが倒れて重態だということ、番組が放映されないことを聞き、私は気が遠くなった。「こんなに頑張ったのに」「いろんな人が助けてくれたのに」。

でも、その結果を榛葉さんも枢機卿も、練習場を貸してくれた神父様も決して責めたりはしなかった。「歌えたんだから、いいじゃないですか。報道されて世論が動いたほうがよかったけれど、もっと大切なのは、未明さんがそんな体なのに倒れることもなく、歌い切ったことです。よく頑張りましたね」と。皆さん口をそろえて言って下さり、感謝と申し訳なさで涙が溢れた。

実はそのあと私も主人も、滋さんに会えないままだった。重篤な状態が続いて、やがて胃ろうになったという報道を耳にして連絡したけれど、早紀江さんから「元日銀の親しい方も、総理のお見舞いも、遠慮頂いています。1人いらして頂くとみんなが来てしまうから、今は辛抱して下さい」、そう言われて、会えないままだった。一度は「お父さん、お母さん、未明ちゃん」と呼び合い、結婚式の親代わりもしてくれて、親戚のようにお付き合いしていたのに。

実を言うと、早紀江さんの属されるプロテスタント教会が、カトリックに反対する宗派なのだということを後から知った。靖国の挙式に随伴頂いたことも大問題だったようだ。私はちっともそんなことに気づかなかった。「拉致問題解決に何か役立ちたい」という自分の思いで一杯で、配慮が足りなかったのかもしれない。

いずれにしてもそういった背景があり、周囲からの反対で、私は早紀江さんから遠ざけられてしまった。まさかだけれど滋さんのお葬式にも呼ばれなかったのはそんな訳だ。呼ばれないのに押しかけてもと思い、報道でわかった場所を訪ねることもできたが辛抱した。きっと随分前から私との交際に関して、早紀江さんは教会からいろいろと言われていたのだと思う。それを、私に気づかれないよう、傷つけないようにと、滋さんが配慮してくれていたんだきっと。

早紀江さんにしたら、新潟で娘が失踪した失意の時から自分を支えてくれた教会の皆さんの言うことを聞くのは自然だろう。だから、それも仕方ない。悲しいけれど、仕方がない。

バチカンで歌う前から急にいろんな圧力を受けた。私がバチカンで歌うことに何か脅威を感じた人たちがいたからかもしれない。だとしたら私の立てた企画には少しは意味かあったんじゃないか。そう思うしか気持ちのおさめようがなかった。もちろん様々なしがらみもあろうけれど、一番大切なのは被害者の救出のはずだ。しかし、まさかだけれど祈りの時にお父さんが倒れ、番組も放映中止。早紀江さんは私との交際を絶たざるを得ない事情を抱えたと言った。これが天のご意志なら受けとめるしかないのだろうか。天の理《ことわり》はいつも私達の思いとは違う次元で動いていく。ただ、生身の人間としては悲しむしかなかった。

番組の放送中止について一番残念だと言ってくれたのは、飯塚繁雄さんだ。早紀江さんとの間に入って、「もったいない。拉致被害者と家族みんなのために、世界に向けて報道するチャンスなんです。被害者の帰国の望みを、宗派争いのようなことで絶たないでほしい」と言って下さった。でも、早紀江さんの心は動かなかった。信仰というのはそのくらい強いものだろう。だから戦争も起きるし、人を強くもする。私自身信仰を必要としているのだから、早紀江さんのお気持ちは尊重するしかないと思った。飯塚さんでさえとりつく島がないなら、私にできることはもうない。拉致問題の解決を難しくしている様々なしがらみを感じざるを得なかった。私がいくら祈り、願っても、開かない扉がそこにはあったのだ。

2020年に滋お父さんが亡くなったと知った時は辛くて泣いた。早紀江さんとの交際を完全に断ちなさいと迫るある人から電話を受け、お葬式にも来ないように言われた。それから「なんで横田さんたちをお父さん、お母さんと呼ぶんですか？　めぐみさんに失礼でしょう？」と責められた。「二度と連絡を取らないで下さい、あなたに助けてもらう必要を、私たちは感じていません」とも言われた。

何日も悲しくてぼうっとし、体が痛くなるほどだった。そのままではいけないと思い、夢中で創作して、悲しみを忘れようと、２０２１年10月22日（私の誕生日が21日）にサザンシアターでのコンサートを決め、夢中で準備した。まだコロナの最中だったけれど、その時にやり遂げたい気持ちがあった。滋さんが亡くなったのは前年の６月４日だから、ものすごいスピードでいろいろ進めたんだなと思う。私は悲しみが一杯の時に何か作る。本も絵も音楽も、大抵はやり場のない悲しみから生まれて来る。でも、だから何かが宿るんだと思う。この時作った作品も動画や小説付きの写真集も、私の滋お父さんへの慰霊の作品のつもり。お墓参りに行けなくても、真剣に創作して祈ったら、それは天国の滋お父さんに届く、そう思って。


ところで、滋さんが亡くなった２０２０年６月４日は、私たちの結婚式の親代わりを務めて頂いた２０１３年６月９日からちょうど7年後だった。５日違うだけ。

喪失感で一杯だったのと同時に、「またか」とも思った。私は又、「親」と思いすがった人を失った。難病を抱えて、実の親にすがっても冷たく拒否された時の絶望がまた繰り返されただけ。２回目だから慣れたもの。大丈夫だと自分に言い聞かせた。

私は「親」との縁が薄いんだ。今は夫もいる。大丈夫。でも、実の親とは違い、横田夫妻には沢山の幸せな思い出を頂いた。

お２人との時間で私は本当に癒され、自分の親にはできなかった「親孝行」の真似事もさせてもらった。それだけで夢の時間だった。だから感謝するばかりだし、私はこれからも問題解決と滋さんのご冥福のために祈りたいと思う。私自身がそのことで救われるし、祈ったり、芸術家が創作をすることは、誰にも止めることはできないだろう。

だから、横田滋さんが歩いた道のりを、私は将来絵にしなくては、と思った。私の絵も歌も本もみんな、そんな祈りを込めたものにしたい、そう思った2018年の3月だった。

2018年再びパリへ

拉致問題解決を祈るという活動が一段落した9月、私は再びパリに向かった。友人の夏美れいさんがパリのユネスコのファッションショーに出演するので見に行くことにし、クリヤ・マコトさんがパリのジャズクラブでミニライヴをする時に、出演させて頂けることになった。

私は今度こそあのラパン・アジルのオーナーに会うんだと心に決めて、仕上がった版画を荷物に入れ、飛行機に乗った。最初は知人の勧めに従いマレ地区に滞在。ルーブルやピカソ美術館などを回り、まだ焼けてしまう前のノートルダム寺院を見た。

その後は、モンマルトルのティムホテルに移った。荷物を広げられるのはベッドの上でだけというくらいに狭かったし、ボールを置けば転がりそうに床は傾いていたけど、バスルームはよくお湯が出たし、快適だった。

何より、部屋から見える広場が心地いい。朝の8時ぐらいから窓の下にアコーディオン弾きが来て演奏し始める。あるいはギターを弾くボーカリストが広場と道路を繋ぐ階段で歌う。それは夜中過ぎまで続く。

「ああ、これがモンマルトルなんだ。この町の雰囲気を絵にしなくちゃ！」

2019年の4月にホテル椿山荘のギャラリーで個展を、という話を頂いていたので、私は作品を書き溜めるための資料を集めたり、スケッチをしようと思った。

振り返ると2018年は一度しかパリに行っていない。どうやら私は個展のための絵を描き溜めていたようだ。

ただの偶然というか、私はネットの案内の写真を見てひと目でティムホテルを気に入り、泊まったのだけれど、そこはバトー・ヴォワール（洗濯船）の名で有名な、ピカソ、ブラック、モディリアーニなどが暮らした集合住宅の隣だった。私が気に入った広場はエミール・グードー広場というらしい。往年の画家たちが往来しただろうことを知り、どれだけ嬉しかったか。

夕方、ティムホテルの人に、「ラパン・アジルに行きたいので、タクシーを呼んでほしい」と言うと、変な顔をされた。

「とても近いので」と最初は断られたが、「私は土地勘がないし、病気なので歩くのが辛い」と訴えると、遂に呼んでもらい、昼間のラパンに行った。

タクシーは10分くらいかけて例の急な階段の前で止まった。「私は足も心臓も悪いから、登れない」と騒ぐと、さらに5分くらいかけて店の真ん前の四つ角まで連れて行ってくれた。ここまでで15分ほど。これでは歩くのはムリだから、タクシーは正解だったと思いながら、生垣《いけがき》につかまりながら石畳の坂を10メートルほど下に降りて、店の入り口にたどりつく。

まだ開店前で、オーナーに会える保証なんてなかった。とにかく「モンマルトルに行ったらラパンに」と思っていたので、版画を持って訪ねたという訳だ。

運命というものはあるのかもしれない。まだ夕方の、店の入り口のベンチに座って空を見ていると、あの白髪のオーナーらしいお爺さんがやって来た。そして私が版画の入った袋を差し出しながら英語で話しかけると、英語で「私はお前を憶えている」と答えてくれた。「日本人で、2人連れで来たね。moto…moto…違う……えーと」と、うろ憶えの私の名前を口にした。

「それです、さかもと‼」

私がドアの前の樹の下で版画の袋を開けようとすると、「待ちなさい、中で話そう」と、店の中に招いてくれた。そして、初めて見る昼間のラパン・アジルに私は入ったのだった。


「私はイヴ・マチュー。君は？」

フランス人は、英語が話せても知らないふりをする人が多いけれど、イヴさんは英語がとても堪能だった。私はほっとして答える。

「さかもと未明と言います、アーティストで、絵を描いたり歌を歌っています」

そう言って私は版画を見せた。

「もらってください。仲良くなりたくて」

イヴさんは目を細めて版画を眺め、「君が描いたのか、へえ」という感じで、版画をもらってくれ、カウンターの机に置いた。有名画家からいくらでも絵を手に入れてきた店だ。特に褒めてもらったりもしなかったけれど、突っ返されなかっただけでほっとした。イヴさんは、そんな私をピアノのある店のホールに誘うと、「君は歌うのか？」と言って、ピアノの蓋を開けた。私はちゃっかり自分の譜面とクロッキー帖を、版画と一緒に持って来ていた。そして、シャンソンの古典「MOULIN ROUGE」の譜面を渡す。イヴさんはコードを弾いてくれて、私はとにかく夢中で歌った。

この時は玉砕で「もう駄目だ」というような気持だったと記憶しているが、写真を改めたら、私はこの滞在の前にもう店で歌わせてもらっている。ということは、最初のオーディションはその前の滞在の時だったのだろうか。この訪問のあと、私はイヴさんの自宅にも連れていってもらい、かわいらしいお孫さんにも対面している。

とにかくお店を一回り案内されてから、入り口カウンターにある、イヴさんの昔のレコードや、新聞や雑誌に載った経歴の記事を見せてもらう。私はイヴさんがかつては大手レコード会社フィリップスのスター歌手だったと知った。

「すごいですね。ただ、このレコードの名前はイヴ・マチューではなくて、イヴ・トマですが、芸名?」と聞くと、

「イヴ・トマが本名で芸名だったんだ。途中でレコード会社を移籍したものだから揉めてね。その時に芸名を捨てるように言われた。彼らが有名にした名前だから、契約終了前に移籍する以上、名前を捨てろと言われたんだ。それ以来イヴ・マチューと名乗っている」

そう教えてくれた。日本でもよく聞く話だ。特に昔はレコード会社の力が強かったから、そんなこともあっただろう。

イヴさんの活動は、写真の雰囲気から1960年代のように見えたので、この人はいくつなんだろうと疑問に思った。70歳くらいにしか見えないけれど、すでに2019年なので、

1960年はまだ10歳位の子供のはずだ。もう少し年長なのかと疑問に思い聞くと、イヴさんは「自分は90歳だ」と恥ずかしそうに言った。私は吃驚する。こんなに矍鑠《かくしゃく》として若々しい90歳なんて見たことない。

「君はなぜそんなにシャンソンを歌いたいんだ」と聞かれて、私は自分が難病を抱えていること、今もまだいろんな不自由があるし、死を意識した時にシャンソンの歌詞の深さに感動したので、本場で習いたいと思いここに来たのだと答えた。

「いつ死んじゃうか、続けられるかもわからないんです。でも、それでも習いたくて」

イヴさんはそんな私に言った。

「私も見ての通りの老人だ。互いにいつ死ぬかはわからないよね。でも、お互いに芸術の川に身を投げた縁で、今こうして出会って話をしている。それ自体が素敵だろう？　それでいいんだよ。成功とか、そういうことじゃなくて、芸術の川の一滴として生きているだけで素晴らしいと思わないかい？」

そんな言葉をすぐに口にする様に驚き、私はたちまちイヴさんのファンになってしまった。イヴさんの言葉と存在が、すでに一つのシャンソンだ。

私は「これで終わりにしたくない。もっと仲良くなりたい」と思った。そして帰りの飛行機では、「次にここに来るまでの間に、どこかの媒体にこの店の歴史の連載企画を持ち込んでみよう」と決めたのだった。

2019年はまず椿山荘での絵画の個展。「パリのエスプリ」と題して、2018年のパリで感動した景色を色に乗せて描いた。たくさんの方が応援してくださり、販売も伸びた。友達以外の知らない人も沢山見に来て、買って下さった。感謝ばかりだ。そして私は決意する。

「次は、パリで」

時代はちょうど令和となり、翌年には2020年を迎えようとしていた。どうせ残りの人生を捧げるなら、日本にとどまらずに広い世界を見たいと、私はシンプルに思った。2019年は元号も令和になって、秋の即位の礼の後には、ローマ教皇が来日するという話も伝わってきた。私は絵を見に来てくれた講談社の出樋《だすぜ》一親さんに相談をし、せっかくバチカンと縁ができたし、私に教皇の来日記念の本を作る交渉をさせてくれないかとお願いした。ありがたいことに出樋さんは企画をすぐに通して下さった。やはりバチカンの持つ力はすごいなあと思った。

同時期に私は新潮社にも足を運び、ラパン・アジルの歴史についての連載企画を持ち込んだ。それはラパンの持つ力ゆえだろう。連載はすぐに「芸術新潮」で決まった。長年の憧れだった媒体で、まさか執筆させて頂けるなんて。当時の編集長の吉田晃子さんが、企画の意義を認めて下さったのだ。私はその年の5月、9月、12月と現地を訪ねて取材を続けることに決めた。

そして5月。令和の超大型ゴールデンウィークを利用し、渡仏に付き合ってくれた主人の武田とラパンを訪ねると、イヴさんが言った。

「取材で何度もパリに来るのでは、ホテル代が大変だろう。私の家には空いている部屋もあるし、孫たちも一緒に住んでいる。心配しないでうちに寝泊まりしたらどうだ？　お隣のご主人に日本語で聞いてみなさい」

吃驚したけれどそのまま主人に伝えると、主人は迷いもせずに「よろしくお願いします」とイヴさんに頭を下げ。快諾してくれた。一目見て信用できると思ってくれたそうだ。

「経歴を調べる必要なんてないよ。歴史的な店のオーナーなんだから」

そう私に向かって笑ってくれる主人の言葉をそのまま伝えると、イヴさんもにこにこと笑い、「君はジェントルマンだね」と言って主人と握手してくれた。

そうして私は遂に、ラパン・アジルのオーナーの家に寝泊まりさせて頂けることになったのだ。

主人は翌日の昼にタクシーでシャルル・ド・ゴール空港に向かい、帰国。主人を見送ってからホテルに戻り、開店前のラパンを訪ねたが、驚いたのは外の明るさだ。8時を過ぎているのにまだ昼間としか思えない明るさだ。私の顔を見るなりイヴさんは、「まだ開店に間に合うから、君の荷物を取りに行こう」と、言いだした。

「でも遠くないですか？　いつもティムホテルまでタクシーで15分以上かかってますよ」

そう言うと、「お前は馬鹿か」と言われた。イヴさんと2人でソル通りを徒歩で上り、ラヴィニャン通りに入ると、ホテルはすぐの場所だった。ラパンから歩いて5分程度ということを、私は初めて知った。

そんな私にイヴさんの方が驚いていたけれど、そんな土地勘さえない観光客の外国人をすぐに受け入れてくれたイヴさんにも吃驚だ。もちろん嬉しい吃驚。イヴさんは軽々と私のトランクを運び、お店から近い自宅の2階に持ち上げてくれる。案内されたのは、家族の何10年もの歴史が刻まれた写真、ラパンに関係する画家たちの絵、額装された手紙で一杯の、素敵な部屋だった。

コロナ禍

そうして取材はどんどん進んでいくはずだったが、その後すぐ、世界は新型コロナウイルスで大騒動になった。国境を超えるのはかなり難しくなったが、私は編集部から大使館宛ての手紙を書いてもらったり、イヴさんには「歌手としてフランスに招きたい」という手紙を書いてもらい、比較的問題なく行き来することができた。

パリには「芸術新潮」の編集長と親しい水島優《まさる》さんというカメラマンもいて、夏の渡仏の時に、きれいな写真を沢山撮影して頂いた。時間こそかかったけれど、私は何ものにも遮られることなく、日本とフランスを行き来し、ラパン・アジルの取材を続けることができた。

さらにこの年の11月、ローマ教皇フランチェスコの来日が正式に決まり公表された。講談社から出版される、『ローマ法王の言葉』のあとがきや紹介記事も書かせてもらえることになった。来日の時の長崎と東京ドームのミサの撮影カメラマンとしても、オフィシャルな記者証を頂いた。腕はまだまだだったけれど、私の熱意をかって、当時のＷＥＢ現代編集長で書籍の編集担当だった出樋一親さんがチャンスを下さったのだ。

この年は家にほとんどいなかった。沢山のアシスタントも必要とした。でも主人の武田は許してくれて、なんでも自由にさせてくれたのだ。

私はその頃、ある種の自分の「性癖」を自覚しはじめていた。横田滋さん、イヴ・マチューさん、ローマ教皇、モンテリーズィ枢機卿、椿山荘の元会長の末澤和政さん、ジャズを教えてくれた光井靖先生。みんな父と同じような年齢か、それ以上の年長者だが、私は主人の他にいつももう一人の「尊敬できる年上の男性」を求めていた、ということに。

円熟、あるいは老成した男性に惹き付けられ、恋愛とはまた違う形で夢中になるのは、自分が父との時間を過ごせなかったからだと自覚せざるを得なかった。私は、年配の男性と関わることで、父との失われた（与えられなかった）時間を埋め合わせたかったのに違いない。

父との時間

私の父はとんでもない人だったけれど、優しいところも沢山あった。一方お調子者で、相手が子供だからと適当な嘘を並べて約束し、その場でいい格好をしたがった。男の人特有のかわいらしいビッグマウスなのかもしれないけれど、子供はその約束を忘れない。

私がちょうど10歳の時、クイーン・エリザベス2世号が日本に寄港。父は横浜に私と妹を連れて、エリザベス号を見せてくれた。その客船は本当にきれいで、「いつか乗ってみたいなあ」

と私は思い、憧れた。父は私の手を引き、妹を肩車して、山下公園の海沿いの道に鈴なりになった人混みを進みながら言う。

「お父さんは船の仕事だから、あの船の船長さんと知り合いなんだよ。今回は向こうも忙しいけれど、いつかまたあの船が日本に来る時は船長さんに会わせてあげる。ああいう客船の中のダンスパーティーは素敵なんですよ。いつか明美ちゃんも浩子ちゃんも、そういうパーティーに行こうね。お父さんが連れて行ってあげるから」

「わあ、ほんとう？　マリリン・モンローの映画に出てきたあんなやつ？」

「そうだよ、ダンスと英語を覚えてドレスを作らないと」

言われて私はどれほどドキドキしたことだろう。それから毎年のように、「いつエリザベス号が次に来るのかな」と楽しみにしていた。

もちろんそんなのは嘘。それを父の軽口だと気づいたのは、中学生になる頃だっただろうか。罪のない嘘だとは思うけれど、3、4年は本気で楽しみにしていたので、結構落ち込んだ。

そもそも父はもとから、物事を大きく言ってしまう癖があった。だから私は大人になるまでに、男の人の話や約束は「話十分の一くらいに思っておけば傷つかないですむ」と学んだ。

大人になってからの私は、接客業で割と人気だったり、さえない小娘だったのにいろんな男の人に優しくしてもらえた。それは母が父の地雷を踏んで殴られるのを見てきたためだと思う。「どうしたら男が怒るのか。あるいはどうしたら機嫌を直すのか」というのを、私は生きるか死ぬかくらいの緊張の中で学んだ。

男の人に愛されなければ殴られて、下手をしたら殺される。そんな恐怖の中で育ったから、私は男の人の関心を惹く能力を、天分のように勝ち取ったのだと思う。でもそれは、ただ生き残るためだけではない。愛されたかったからだ。私は真剣に父からの愛を求めていた。

父は英語の勉強のために、よくFENを聞いていた。ジャズやディキシー、カントリー、映画音楽なんかもよく流れる、好きな曲が流れると父はまだ幼い私を呼んで抱き寄せ、ステップも何もないチークダンスを踊ってくれたりした。日本の曲では「人生の並木道」など、古賀メロディーが好きで、ギターを弾いて歌ってくれたこともある。

私が大きくなってから、ドレスを着てジャズを歌ったりしたいと思うようになったのは、そのためだと思う。私は大好きだった父と過ごしたほんの短い蜜月を取り戻したかった。だめな父だったけれど、心底嫌いにはなれなかったのだ。

いろんな暴力沙汰を犯してもみんな忘れてしまう父に、「お父さんは頭がおかしいから精神科に行った方がいい」と言ったこともある。母をしたたか殴り、頚椎捻挫で半年以上入院させたのは、私が中学2年生の時のことだ。あの時は、母が死んで父が殺人犯になってもおかしくないくらい、ひどい怪我だった。母のいない家を父と掃除し、一緒に焼却炉でゴミを燃やしていた時、私は言った。

その時は父も、「そうだな、行こうかな」と言ってくれたけれど、結局翌日になると忘れて、会社に行ってしまうのだった。父は決して精神科の診察を受けてくれなかった。受ければアルコール依存症や外傷性健忘症なんかが見つかったかもしれない。きちんと治療したら、家族があそこまで壊れなかったんじゃないか。

妹も弟もひどい喘息に苦しんだが、医師たちは早くから心因性だと判断したようだ。家庭内の問題が子供たちの健康を害していると母に伝えるのを聞いたことがある。でも母が伝えても、父は決してそのことを理解せず、家族治療も拒否した。母も精神科にはひどい偏見を持っていたので、結局家族が精神科の治療を受けることはなかった。そして私たち家族は「手のほどこしようがない」くらいに病んでいったのだと思う。

妹も弟も、家庭というものにいいイメージを持てなかったのだろう。結局、結婚しなかった。私たち姉弟にとって家族の時間は、幼い時ほんの短い蜜月の期間を除いて、恐怖と窮乏の連続でしかなかったのだ。なのに私は、父をものすごく憎んでいるわけではない、今でも。ただ、「残念だ」と思うだけ。その後もいろんなことがありすぎて、もう会いたいとも思わないけれど。

命の水

2021年、遂にラパン・アジルの連載のための原稿がまとまり、「芸術新潮」の3月号から8月号まで連載された。それを見せにフランスまで行ったら、イヴさん、長男フレデリック、次男ヴァンサン、そしてアーティストのみんながとても喜んでくれた。私が日本でちゃんとプロとして活動している作家で、アーティストなんだと認めてくれた。ラパンのピアニストのジャン・クロードさんは、私のピアニストを引き受けてくれ、レコーディングを約束してくれたし、イヴさんが真剣にシャンソンを教えてくれるようになった。

フランスにいて感じたことは、まずみんなとても質素だということ。お金なんてほとんど使わず、「ケチ」と言っていいくらいだ。その代わり、人とのコミュニケーションには惜しみなく労力と時間を使う。

「友達が全てだからね。物は失うことがあるけど、戦争があっても災害があっても、家族と友達がいれば大丈夫。そして、ポジティブでいることだ、嫌なことは歌って忘れてしまうことだ。今を楽しむしかないじゃないか、明日死ぬかもしれないんだからね」

そんな哲学を持つフランスのアーティストたちとの交流はとても豊かだ。いつも同じ服を着ていて、わずかな現金を毎日少しずつ使う暮らし、お金にはシビアだけど、彼らはとても楽しそう。

そして一度友達になると、本当に親切に助けてくれる。今は日本にはない「ご近所付き合い」みたいなものが、フランスにはまだ残っている。こういうところは、日本人はもっと学ぶ、あるいは取り戻すべきなんじゃないだろうか。


芸術新潮の取材が始まって間もなく、私が何とかフランスのみんなと「友達」と言いあえるようになった2020年の6月に横田滋さんが亡くなった。

横田さんが亡くなった後にWikipediaを見て知ったのだけど、横田滋さんの誕生日は、私の父と同じ11月14日だった。私の誕生日は10月21日。横田めぐみさんはそんなには近くないけど、10月5日。同じてんびん座。「不思議な偶然だなあ」と思わずにいられなかった。

「めぐみも10月に生まれたんですよ。未明さんの小さい頃の写真は、とてもめぐみに似ている」と、よく滋さんが話してくれた。そしていつも「めぐみもあなたみたいにきれいにして、向こうで幸せにしていたらと思うんですけどね。何もわからないので」と付け加えた。

横田滋さんを失った悲しみは埋めようがなかったけれど、ちょうど横田さんと会えなくなった頃に、私はイヴさんの家に居候するようになり、沢山お話しする時間に恵まれた。だから私は、神様に沢山感謝しないではいられない。

そんな風に年上の人を慕う私を、夫はいつも寛大に見守ってくれた。私が「父」を必要としていることを、夫の武田は誰よりもわかっていたのだ。

パリの個展開催

2021年、芸術新潮に「ラパン・アジル物語」を連載開始する。前年の2020年に日本・フランス現代美術世界展という公募展で入選した時、イヴさんがラパン出身の有名歌手クロード・ヌガロの未亡人のエレーヌの画廊を紹介してくれ、私はパリ展示の準備を始めて、2021年には実現するはずだった。

けれどあまりに長引いたコロナの打撃で、予定していた2021年の春を前に、エレーヌは画廊を閉めてしまった。

それでも2021年、私はソルボンヌ大学の向かいにあるEspace Sprbonne 4という画廊で初めてのパリ個展を開くことができた。相談した新聞社のご縁で、現地特派員の方からコーディネーターをご紹介頂き、私に場を提案して下さるギャラリーを見つけることができたのだ。そしてこの年、私は憧れだったサロン・ドトーヌに入選する。２００８年に余命宣告をされてから13年。２０１１年から主人と暮らして10年。２０１７年の画家デビューから4年。いつの間にか私は「新しい人生」を紡ぎ始めていた。そしてそのドアは間違いなく、ラパン・アジルのドアをくぐった時に開いたのだ。

ラパン・アジルは私に「命の水」を与えてくれた。〝L'eau de vie（命の水）〟は、ラパンで振舞われるサクランボを漬け込んだお酒の名前。本当の意味での命の水は「愛」だろう。人は生きていく時にお金や衣食住だけではこと足りない、愛は必要不可欠なものなのだ。

友達や恋人や夫婦関係のような横の繋りはもちろん素晴らしいもの。けれど、それだけでは足りない。親と子供との縦の繋りが、どれだけ人間にとって大切なことか。師弟関係でもかまわない。それは時間という川を縦に流れる糸。とても自然な命の根幹。友達や夫婦などの横の繋りは命を彩る枝葉。どちらが欠けても命には、人生にはならない。

「命の水〝L'eau de vie〟」が足りていない時、心が乾いている時、人は、それを夢中で味わい喉と心を潤すべきだと思う。お酒が淋しさを忘れさせてくれることもあるけれど、それはかりそめに過ぎない。私の場合は「悪い酒」で、淋しさを埋め合わせようと飲んで、もっと淋しくなった。幸せな人しか「いい酒」を楽しむことができない。さらに人生に必須の「命の水」とは芸術や音楽だ。そして人（できるなら家族）との関わりなのだと思う。

愛や感動が体に満ちたりた時はじめて、私たちは「人間」として息を始めるのだ。そしてその時、愛や芸術が私たちの体や心から溢れ出す――。花から蜜が、木から樹液が溢れだすみたいに……。

ラパン・アジルには、いまだ溢れる芸術家たちの「命の水」と「芸術の気」が宿っている。ぜひいつかその「歌」と「場」の力に触れてほしい。「命の水」を味わい息を吹き返すために、パリを訪れて頂けたらと思うのだ。ラパン・アジルはきっとあなたに、今日を生きる力をくれる。そして「誰かを愛したい」と、愛への憧れを与えてくれるだろう。

「ラパン・アジル」関連年表

年号	出来事	『ラパン・アジル』の歴史	パリの出来事	パリを中心とした創作活動等	キーワード
			革命前、フランス文化を醸し出す活力源とも言えるカフェは700軒ほどになっていた	18世紀流行したメスメルの「動物磁気説」をフランスの化学者ラボアジェらが否定。しかし暗示によってヒステリーなどが治癒、「精神」が発見される前夜	
1789	フランス革命		王政廃止・人権宣言・憲法制定、貴族に代わりブルジョワが台頭。ロベスピエールによる恐怖政治	思想においては18世紀はルソーらの啓蒙主義が流行	新古典主義
			モンマルトルの58の建物のうち、25軒がキャバレーで、「罪深い」営業をしていた		啓蒙主義の一方、スピリチュアリズムも流行
1795		モンロワ夫妻が土地を購入			
…		※その後30年、そのまま放置			
1804	ナポレオンが皇帝として即位				
1806	神聖ローマ帝国の崩壊		ムーラン・ド・ラ・ギャレット』が外国軍への抵抗の拠点となる（1814）。後の帝政期にダンスホールに改造	ダヴィッド『ナポレオン一世の聖別式』（1806〜1807） アングル『オダリスク』（1814）	
1825		建物立つ	日刊紙『フィガロ』創刊（1826）		
1830	七月革命	※やがて、居酒屋に改造	パリのレストランは3000軒	ユゴー『エルナニ』上演、ドラクロア『民衆を導く自由の女神』、スタンダール『赤と黒』※ロマン主義開花	ロマン主義
1850				19世紀オーギュスト・コントが啓蒙主義を引き継ぐ実証主義、科学万能主義を主張	
1851		アリスティード・ブリュアン生まれる（1851〜1925）		メリメ『カルメン』（1848）、デュマ『椿姫』（1848）	
1852	ナポレオン3世即位、第2帝政		百貨店『ボン・マルシェ』誕生	クールベ『オルナンの埋葬』（1850）	
1853	パリ大改造始まる	『泥棒の待合』と呼ばれる	ナダールが写真館開設　※この頃よりフランスで産業革命が進展する。パリの人口は1851年に105万3000人だが、この後急激に増加する オスマンのパリ大改造（〜1869）により、現代のパリの街並みの様相が出現する		写実主義
1855	第1回パリ万博		ルイ・ヴィトン創業（1854） シャルル・フレデリック・ウォルト、店を創業し、オートクチュールが出現、活況を呈する（1858）	ナダール、気球を使い空中撮影	

年号	出来事	『ラパン・アジル』の歴史	パリの出来事	パリを中心とした創作活動等	キーワード
1860		フレデリック・ジェラール生まれる（1860～1938）	モンマルトル、パリ市に編入。ガラス張りの高級ホテル『グラン・オテル』完成（1862）	ボードレール『悪の華』（1857）、オッフェンバック『地獄のオルフェ』（1958）、マネ『草上の昼食』（1862）	
		スザンヌ・ヴァラドン生まれる（1865～1938）	カフェに通う有名人が利用した辻馬車は、流しとハイヤーの2種類が登場		
1867	マルクス「資本論」 第2回パリ万博		マネが『カフェ・ゲルボワ』に通うようになり、モネ、セザンヌ、作家のゾラなどが集うようになる 第2回万博にて日本が参加、やがてジャポニズムが広がる モンマルトルで『ル・ラ・モール』創業。 ※ドガが通うようになる。『カフェ・アングレ』でロシア皇帝と皇太子、プロシア国王が『三皇帝の晩餐』を楽しむ	モロー『オルフェウスの首を抱くトラキアの娘』（1865） ジャン・バティスト・クレマン『桜んぼの実る頃』（1866）	
1869		サルツ夫妻オーナーとなる フォリー・ヴェルジェール、パリ9区リシェ通り32番地に開業		オッフェンバック『盗賊』	
1870	普仏戦争 第3共和政		ナポレオン3世敗北し、パリはプロシア軍に包囲される。この食糧不足下の『グラン・オテル』の晩餐のメインは『キノコ入り猫のワイン煮込み』		
1871	パリコミューン		70年代頃からモンマルトルは若い芸術家が集う街となる。		
1872			戦争と騒乱で店を閉じていたウォルトが営業再開。1200人の従業員を抱え、アメリカの顧客も獲得する	ヴェルヌ『80日間世界一周』、モネ『印象ー日の出』	印象派
1873				ランボー『地獄の季節』	
1874				第一回印象派展	
1875			オペラ座落成	ビゼー「カルメン」	
1876			好みのカフェに自転車で通う者が現れる	バイロイト音楽祭始まる ルノアール『ムーラン・ド・ラ・ギャレット』、モロー『出現』 ドガ『エトワール』	
1877				ゾラ『居酒屋』	
1878	第3回パリ万博		ジャポニスムをはじめとする異国趣味が流行		
1879		アンドレ・ジルの看板が飾られ、『足の速いうさぎ（Lapin à Gill）』と評判に	「ラ・マルセイエーズ」国歌となる		
1880				エンゲルス「空想から科学へ」	

年号	出来事	『ラパン・アジル』の歴史	パリの出来事	パリを中心とした創作活動等	キーワード
1881		ジェルメーヌ・ガリガーリョ（ロール）（1881～1948）／カルロス・カサヘマス（1881～1901）生まれる スペインでパブロ・ピカソ（1881～1973）生まれる	ロドルフ・サリスによりキャバレー『黒猫』（ロシュシュアール84番地、第一期）開店、ブリュアンが活躍。象徴主義のヴェルレーヌなどの文学者や、モンマルトルのボヘミアン芸術家が集った。世紀末の退廃（デカダンス）と、享楽的なベル・エポックの気分、が混ざり合う。第二期（1885～1897）はラヴァル通り12番地（ヴィクトール・マセ通り）現在のクリッシー68番地は元祖とは別の店。		
1882				ニーチェ「喜ばしき知識」「神々の死」について言及。 マネ「フォリー・ヴェルジェールのバー」（1882）	
1883		ジュール・ジュイが店を仕切る モーリス・ユトリロ生まれる（1883～1955）			
1884		人気歌手アリスティード・ブリュアンが常連に。ロートレック、ゴッホが来店		ロダン『カレーの市民』	
1885			『ドゥ・マゴ』、カフェバーとして開業	セザンヌ『サント・ヴィクトワール山』 ニーチェ「ツァラトゥストラはかく語りき」	
1886		アデル・デュセルフが店を仕切る。『Lapin Agile』が店名になる	パリ＝ブリュッセル間の電話開通		
1887		質の良い料理、食事つきコンサート開催で心を掴む。	この頃、モンマルトルのカフェは集客のため、工夫を凝らす。従業員に囚人、修道士の服装をした店に、詩人シャルル・クロやドビュッシーなどが集う。サティが通う店では、客のばかげた言動を測定する『機械』を設置		
1888				サティ『3つのジムノペディ』ゴッホ『アルルの夜のカフェ』、ゴーガン『説教のあとの幻影』	
1889	第4回パリ万博		エッフェル塔完成、『ムーラン・ルージュ』オープン。第1回メーデー	モネ『睡蓮』	
1890			植民地獲得運動高揚	イヴェット・キルベール、ムーラン・ルージュで活躍	後期印象派
1891				ロートレック『アンバサドールのアリスティード・ブリュアン』	
1892		週休が義務化	無政府主義運動が活発になり、『カフェ・ヴェリー』が時限爆弾で爆破	サラ・ベルナール『サロメ』を演じる	

年号	出来事	『ラパン・アジル』の歴史	パリの出来事	パリを中心とした創作活動等	キーワード
1893		シュザンヌ・ヴァラドンがコトー通り2番地にアトリエを持つ	ミュージックホール、劇場『オランピア』開場。レストラン『マキシム』開店		
1894	ドレフュス事件		パリ＝ルーアン間で世界初の自転車レース	ミュシャ、サラ・ベルナールのポスターを描く	
1895		フレデリック・ジェラール（以下・フレデ）の次男、ポーロ生まれる	『ブラスリー・モラール』が開業。電動路面電車誕生	リュミエール兄弟がシネマトグラフ公開	
1896					
1897			19世紀末から第一次大戦勃発までの間、パリの都市文化は繁栄し、ベル・エポックと呼ばれる		ベル・エポック（19世紀末から1914年）
1898			ホテル・リッツ（世界有数の高級ホテル）創業	ゾラ、ドレフュス擁護の公開状『私は告発する』	
1899					
1900	第5回パリ万博	フレデがモンマルトルに『ジュット』という店を開く	地下鉄開通、『ミシュラン』創刊、パリオリンピック、この時期フランス全土で1800台の自動車が走る	フロイト『夢判断』	アール・ヌーヴォー
1901		※ピカソたちのアトリエ『洗濯船』にフレデも通う カサヘマスが、ジェルメーヌに失恋し自殺。ピカソの「青の時代」始まる		官展「ル・サロン」に対抗し、ジュールダン、ルオー、マチスら新鋭芸術家がサロン・ドートンヌを創設	
1902		ベルト・セルブールスが店を継ぐ、フレデも店を切り盛りする この頃、モーリス・ユトリロもコトー通りに住み着く		メリエス『月世界旅行』※初の物語のある映画 ブーシェがパリ万博のパビリオンだったラ・リューシュ（G.エッフェルの設計）を買取り、貧しい画家のアトリエとして提供	
1903		フレデ、ベルトと親しくなり、その娘マルゴと共に店を仕切る	ツール・ド・フランス始まる。ゴンクール賞の授与が始まる		
1904		芸術家の溜り場となる。常連にはピカソ、マチス、アポリネールなど（26ページ参照）	ポール・ポワレ、コルセットが不要な服を考案	ピカソ『洗濯船』に部屋を借りる。「薔薇の時代」始まる	
1905		ピカソ『ラパン・アジルにて』を店に贈る。ユトリロも店の常連で店を度々描く	マタ・ハリ『オリエンタルスタイル』のダンサーとしてデビュー	フランシス・カルコ「La Bohème et mon coeur」	フォービズム
1906		ジェルメーヌがラモン・ピショットと結婚・メゾン・ローズを買い取りピンク色にしてカフェを開店	サントス・デュモン、ヨーロッパでの飛行機初飛行		
1907				ピカソ『アヴィニョンの娘たち』	キュビズム
1908		（ジェルメーヌの結婚とメゾンローズのカフェ開業は1908年説もある）			
1909			ディアギレフ主宰ロシアバレエ団が熱狂的に迎えられる。この公演にコクトー、ピカソ、マチス、ドビュッシー、ラベルなど多くの芸術家が関与した	マチス『ダンス』、ガストン・ルルー『オペラ座の怪人』	

年号	出来事	『ラパン・アジル』の歴史	パリの出来事	パリを中心とした創作活動等	キーワード
1910		フレデの長男ヴィクトールが暴漢に射殺される。『アドリア海に太陽は沈みぬ』事件	シャネル、ボーイ・カペルの出資で帽子店を開業	ユトリロ『ラパン・アジル』	
1911			モンパルナスの『ラ・ロトンド』改装。レーニン、トロツキー、オスカー・ワイルド、コクトー、レジェ、ピカソなどが通う。警官の拳銃所持許可	ブラック『ポルトガル人』、シャガール『ロシアとロバとその他のものに』	
1912		フレデ、ピカソの絵を二束三文で売却	ファッション誌『ガゼット・デュ・ボントン』創刊。※世界大戦前、平和だが不穏な時代、時折「決闘」が行われることもあった		
1913		店の立ち退きを迫られるが、アリスティード・ブリュアンが買い取り営業続行	この頃の自動車生産台数は45000台に上る	プルースト『失われた時を求めて』(〜1927)、ロシアバレエ団によるストラヴィンスキー『春の祭典』上演、アポリネール『アルコール』	
1914	第一次世界大戦		美容本『美しさについての私の秘密』により化粧品が大流行		
1915		エディット・ピアフ生まれる	フランスの「大戦」とは第一次世界大戦を指し、死者は150万人に上る(第2次世界大戦では50から60万人)		ダダ
1916		レオ・フェレ生まれる	ドイツの飛行船『ツェッペリン』パリを空爆、ソンムの戦い、市内電車に女性運転手		
1917	ロシア革命			モディリアーニ『ハンカ・ズボロフスカ夫人』、アインシュタイン『相対性原理』	
1918	大戦終結、パリ講和会議	徴兵され、捕虜となっていたフレデの次男ポーロが帰還。ブリュアンが店をポーロに売却	18年から20年にかけ、スペイン風邪流行。フランスでは40万人の死者	ダダ宣言	
1919			8時間労働法成立。※世界大戦後、「女つき」のブラスリー、大衆酒場が流行。チャールストン、ジャズなどが流入する		
1920			『ラ・ギャルソンヌ』の影響で、短い髪のカットが流行、モダンガールが街を闊歩する	ピカソ『布を持つ大きな裸婦』 モンパルナスの『キキ』画家たちのミューズとして愛される	エコール・ド・パリ(1920年代) ロストジェネレーション
1921			シャネルNo.5発売。この頃、麻薬が流行、1917年52件の逮捕数が、この年には300件になる。	モンドリアン『タブローI』	
1922				コレット「青い麦」	
1923		店の裏手にある住居を買い取る	この頃より、モンパルナスはモンマルトルに代わり芸術家が集うようになる		

年号	出来事	『ラパン・アジル』の歴史	パリの出来事	パリを中心とした創作活動等	キーワード
1924			パリオリンピック、国民所得が戦前の水準を超える	シュールレアリスム宣言	シュールレアリズム
1925		ラモン・ピショットの死		ジョセフィン・ベイカー。シャンゼリゼ劇場でチャールストンを踊りパリジャンを魅了	アールデコ、狂乱の時代（1920年代後半）
1926			シャネル、シンプルなイブニングドレス『リトルブラックドレス』発表	コクトー『オルフェ』	
1927			リンドバーグ、大西洋を横断しパリに到着。ブラッスリー『ラ・クーポール』開業、アール・デコのソルヴェ兄弟が装飾。藤田嗣治なども装飾に参加。映画監督エイゼンシュタイン、マルロー、ブレヒトなどが集う。※『狂乱の時代』と呼ばれる		
1928		イヴ・マチュー生まれる		ブレヒト『三文オペラ』、マルロー『征服者』 ラヴェル「ボレロ」 G・バタイユ「眼球譚」 ブルトン「ナジャ」	
1929	世界恐慌	クロード・ヌガロ、アレクサンドル・ラゴヤ生まれる		ルイス・ブニュエル『アンダルシアの犬』	
1930				ジョセフィン・ベイカー「J'ai deux amours」	
1931			テレビの送受信の実演が行われる	サン・テグジュペリ『夜間飛行』、ダリ『記憶の持続』	
1932			鉄道営業路線総延長が42600キロでピークとなる	ダミア『暗い日曜日』レコーディング	
1933	ホロコースト始まる		「ドゥ・マゴ文学賞」始まる。やがて、サルトル、ボーヴォワールなどが『ドゥ・マゴ』に集う		
1934		リナ・ケティ、ラパンで歌う			
1935			『ブラスリー・リップ』にて文学賞「カゼス賞」設立、『リップ』には、パンルヴェ、ヴァレリー、サン・テグジュペリなどが集う。世界最大最速の豪華客船『ノルマンディー』就航	エディット・ピアフ、デビュー	
1936	（スペイン内戦～39）人民戦線政府樹立	イヴ・マチューの両親（イヴォンヌ・ダルルと夫）が離婚		ジュリアン・グラック「アルゴールの城にて」	
1937				ジャン・ルノアール『大いなる幻影』、ピカソ『ゲルニカ』	

年号	出来事	『ラパン・アジル』の歴史	パリの出来事	パリを中心とした創作活動等	キーワード
1938		フレデ死去。イヴォンヌ・ダルルがラパンの歌手となり、人気を博す マルゴの夫、ピエール・マッコルランの小説をマルセル・カルネが「霧の波止場」として映画化 ヴァラドン死没、晩年は画家 Gazi TATARと懇意。現在 Gazi 作品がラパンのフライヤーに		ルオー『ピエロ』 ジュリアン・グラック『アルゴールの城にて』	
1939	第2次世界大戦			ヘミングウェイ『誰がために鐘は鳴る』	
1940	ドイツ軍パリ占領	ユダヤ人マルセル・レイボヴィッチを、大戦中、匿う	※ド・ゴール抗戦を呼びかける	ヘミングウェイ、ガートルード・スタイン、スコット・フィッツジェラルドらがパリで交流	
1941				ヒューストンの「マルタの鷹」が公開	アメリカでフィルム・ノワール流行
1942					
1943				サルトル『存在と無』	実存主義の流行
1944	パリ解放				
1945	大戦終結		ファッション誌『エル』創刊	マルセル・カルネ「天井桟敷の人々」 メルロ・ポンティ『知覚の現象学』	ポストモダン・脱構築などの流行 現象学
1946	第4共和政		カンヌ国際映画祭始まる	映画「夜の門」の主題歌、「枯葉」をイヴ・モンタンが歌いヒット	
1947			『ル・タブー』開く。サルトル、カミュ、ガストン・ガリマールなど作家と出版社幹部が集う※1946年より『栄光の30年』という高度経済成長に突入		
1948		イヴォンヌとポーロが結婚 ジェルメーヌ・ガリガーニョ（ロール）死没、後に亡くなる妹のスザンヌ・ナシーとその夫アルベール、夫のラモン・ピショット共にサン=ヴァンサン墓地に葬られる			
1949			『プレタポルテ』の出現	ボーヴォワール「第二の性」	フェミニズムの台頭
1950		イヴォンヌの長男イヴ、パリ国立高等音楽院入学、ラパンでも歌い始める	この頃より『バザー』などのアメリカのファッション誌が影響を強める	ポロック『ラヴェンダーの霧：第一番―1950』	
1951			1945年から50年にかけて、全国で700万人の新生児が生まれ、ベビーブームとなる	ピアフ「愛の賛歌」	
1952				アポリネールの『ミラボー橋』に曲がつけられる。スーラージュ『絵画』 ルネ・クレマン「禁じられた遊び」	
1953					

年号	出来事	『ラパン・アジル』の歴史	パリの出来事	パリを中心とした創作活動等	キーワード
1954	アルジェリア独立戦争	クロード・ヌガロが詩の朗読を始める		ベッケル「現金に手を出すな」	フレンチ・フィルム・ノワール
1955			この頃よりロックンロールが音楽のみならず、文化的な広がりをみせ、世界的に流行	エルヴィス・プレスリーがトム・パーカーと契約。RCAより「ハートブレイク・ホテル」リリース レオ・フェレの「パリ・カナイユ」をカトリーヌ・ソヴァージュがカバー、映画の主題歌に アズナブール「ラ・ボエーム」	
1956		イヴ、ミュージカルに出演をはじめ、劇場『ゲテ・リリック』と契約 ミュージカル「ミニー・ムスタッシュ」や「なんて馬鹿な！」に出演 イヴ、アルベールとスザンヌ・ナシー夫妻と家のVIAGER契約。スザンヌはジェルメールの妹		ダリダ「バンビーノ」	
1957	EEC調印				
1958		イヴ、著名な劇場『フォリー・ベルジェール』と契約。イヴォンヌ、ソロのショーも	50年代後半、カフェでは実存主義者たちの波が高まり、サルトルに似た人物を用意して集客を図るなど、盛況となった	ダリダ「ラストダンスはわたしに」 ルイ・マル「死刑台のエレベーター」 バルネ・ウィラン「セーヌ川のジャズ」	ヌーヴェル・ヴァーグ
1959	第5共和政、ド・ゴール大統領	クロード、ラパンで歌い始める	ヒットチャート番組『サリュ・レ・コパン』始まる。シルビー・バルタンなどのフレンチ・ポップスのアイドルが輩出。ピエール・カルダン、プレタポルテを始める	トリュフォー『大人は判ってくれない』	
1960		イヴ、カナダに渡り、歌う	60年代のフランスの国民所得は1945年に比して、3倍に上り、著しい発展を遂げる	ゴダール『勝手にしやがれ』《ヌーヴェルバーグ》、ルネ・クレマン『太陽がいっぱい』 ロジェ・ヴァディム「危険な関係」 ベルナール・ビュッフェ「青い闘牛士」 エディット・ピアフ「水に流して」	
1961		イヴ、アメリカの有名エージェント『CAC』と契約 『ラジオ・シティ・ミュージック・ホール』などで歌う		シルビー・バルタン『悲しきスクリーン』 ミシェル・フーコー「狂気の歴史」	構造主義
1962		イヴ、公演中の『ゴールデンホテル』が火災で公演中止 クロード・ヌガロ、ダリダと共演	アルジェリア独立とともに、70万人以上のフランス人、アルジェリア人が移住	レヴィ・ストロース『野性の思考』《構造主義》 アニエス・ヴァルダ「五時から七時までのクレオ」、パリ左岸派の誕生	ニュー・リアリスム（ポップ・アート）

年号	出来事	『ラパン・アジル』の歴史	パリの出来事	パリを中心とした創作活動等	キーワード
1963		イヴ、アメリカ各地でツアー クロード・ヌガロ『Olympia』などで歌う		セルジュ・ゲンスブールが『ラ・ジャヴァネーズ』をジュリエット・グレコに捧げ、レコーディング エディット・ピアフ、リヴィエラの別荘で死没 ジャン・ギャバン、アラン・ドロン主演「地下室のメロディー」	
1964		イヴ、フィリップスと契約。名前をイヴ・トマからイヴ・マチューへ変える		ジャック・ドゥミ監督、ミシェル・ルグラン音楽「シェルブールの雨傘」	
1965			クレージュ、ミニスカートを発表	デュビュッフェ『時計列車』 フランス・ギャル「夢見るシャンソン人形」をセルジュ・ゲンスブールが作詞作曲	
1966		イヴ、マリア・テレサと結婚。12月に長男フレデリック誕生		クロード・ルルーシュ「男と女」 ジャック・ドゥミとルグランの「ロシュフォールの恋人たち」	
1967	EC発足			デリダ『グラマトロジーについて』 ブニュエル監督、カトリーヌ・ドヌーヴ主演「昼顔」	ポスト構造主義
1968	5月革命	イヴの次男ヴァンサン誕生	パリで学生と労働者による反乱	カンヌ映画祭が若手監督の要請で中止に フランシス・レイ音楽「白い恋人たち」公開だが、カンヌ映画祭は中止で公開されず	
1969	ポンピドゥー政権発足		超音速旅客機コンコルド初飛行	ブリジット・フォンテーヌ「ラジオのように」	
1970		まず家の主アルベールが、やがてスザンヌ・ナシーが死没、イヴ現在の家のオーナーに		『洗濯船』焼失	
1971	ニクソン・ショック			ロバート・マリガン監督、ミシェル・ルグラン音楽「思い出の夏」	
1972		イヴ、ポーロよりラパンの専属マネージャーの依頼を受け、経営を継ぐ			
1973		ピカソ死没	プレタポルテコレクション始まる	ジョセフィン・ベイカー　カーネギーホールで公演	
1974	ジスカール・デスタン政権発足				
1975	ベトナム戦争終結			フーコー『監視と処罰』	
1976	田中角栄元首相逮捕 ロッキード事件			セルジュ・ゲンスブール監督「ジュテーム・ムワ・ノン・プリュ」	

年号	出来事	『ラパン・アジル』の歴史	パリの出来事	パリを中心とした創作活動等	キーワード
1977			総合文化施設『ポンピドゥー・センター』落成		
1978					
1979					
1980		メドレー演奏によるパフォーマンスをイヴが作り上げる		ジャン=ジャック・ベネックス『ディーバ』	
1981	ミッテラン政権発足 フランスで死刑廃止		ルーブル美術館再開発	クロード・ルルーシュ監督、ミシェル・ルグラン、フランシス・レイ、ピエール・バルー音楽「愛と悲しみのボレロ」	
1982					
1983				エリック・ロメール「海辺のポーリーヌ」	
1984				マルグリット・デュラス「愛人」でゴンクール賞	
1985	プラザ合意 日本では　男女雇用均等法		ルーブル宮殿中庭のテントで、パリコレクションが発表されるようになる。ピカソ国立美術館開設		
1986	バブル景気(~1991)		オルセー美術館開設	ジャン・ジャック・ベネックス「ベティ・ブルー」	
1987				ゲンスブール、最後のアルバム『逮捕されています』リリース	
1988	リクルート事件／昭和天皇崩御	クロード・ヌガロ、Victoires de la musique受賞	フランス革命200周年	リュック・ベッソン「グラン・ブルー」	
1989	平成元年 ベルリンの壁崩壊	ピカソの「ラパン・アジルにて」がサザビーズで40.7億ドルで落札 ラパンのメンバーで日本ツアー			
1990	東西ドイツ統一			ジャック・ドゥミ没	
1991	湾岸戦争 日本のバブル崩壊	フレデリック、イヴから歌を習い始める		ジャン・ピエール・ジュネ『デリカテッセン』 レオス・カラックス「ポンヌフの恋人」 セルジュ・ゲンスブール没	
1992		「ラパン・アジルにて」がメトロポリタン美術館に寄贈される		ジャック・リヴェット「美しき諍い女」	
1993	EUスタート 日本で連立政権発足	イヴォンヌの会社をイヴが買い、ラパンは会社組織となる			
1994		イヴォンヌ・ダルル死没			
1995	シラク政権発足 阪神淡路大震災		windows95発売	リュック・ベッソン「レオン」	
1996					

年号	出来事	『ラパン・アジル』の歴史	パリの出来事	パリを中心とした創作活動等	キーワード
1997				リュック・ベッソン「ニキータ」	
1998	インド、パキスタン核実験				
1999				ジェラール・ドパルデュー主演「シラノ・ド・ベルジュラック」	
2000					
2001	アメリカで同時多発テロ			ジュネ『アメリ』	
2002	『ユーロ』流通開始				
2003	イラク戦争			フランソワ・オゾン「スイミング・プール」	
2004	拡大EU誕生				
2005	パリ郊外暴動事件		移民、イスラム教徒との亀裂が表面化する	リュック・ジャケ「皇帝ペンギン」	
2006	北朝鮮核実験				
2007	サルコジ政権発足				
2008	リーマン・ショック				
2009	欧州通貨危機				
2010	ブルカ禁止法成立		イスラム教徒のブルカ着用が禁止		
2011	シリア内戦ぼっ発 東日本大震災			エリック・トレダノ『最強のふたり』	
2012	オランド政権発足				
2013				トマ・ピケティ『21世紀の資本』	
2014	ウクライナ内戦ぼっ発				
2015	シャルリー・エブド事件				
2016	イギリス、EU離脱派が選挙で勝利			ピエール・バルー没	
2017	マクロン大統領就任	マリア死没			
2018			『黄色いベスト運動』※マクロン大統領の政策への抗議運動	フランシス・レイ没	
2019	令和元年	クロード・ヌガロ広場が、コーランクール通り沿いにできる		ミシェル・ルグラン没	
2020	コロナによるロックダウン				
2021	アフガニスタンでタリバン政権	オンラインイベント配信開始 ラパンの入り口の大木が枯れる。植え替え		ジュリア・デュクルノーの「TITANE」がカンヌでパルム・ドール受賞 ジョセフィン・ベイカー 芸能人として、黒人として初めてパンテオンに祀られる	
2022	ロシア、ウクライナに侵攻 安倍晋三元総理射殺		クルド人文化施設で人種差別的犯行	ジャン・リュック・ゴダール没	

年号	出来事	『ラパン・アジル』の歴史	パリの出来事	パリを中心とした創作活動等	キーワード
2023	ドル・ユーロ高、円安が進む イスラエル、ガザ地区を爆撃	イヴ95歳の誕生日イベントZoom配信が行われる ラパンのピアニスト、イヴ・レヴェックがWorld Classical music awardsでグランプリ		ジェーン・バーキン没	
2024		パリ・オリンピック			
2025		ラパンの建物が建造から200年となる			

年表文責・編集部

あとがき

随分長い旅をして帰ってきた。今この本を仕上げながら、そんな気持ちだ。初めてラパン・アジルを訪ねたのは２０１７年。私はまだ歩くのも難儀で、いつ訪れるかしれない死の恐怖に怯えていた。そんな私を沢山の人が助けてくれ、いろんな旅をさせてくれた。

この本の元になった芸術新潮での長期連載は、当時の編集長の吉田晃子さんが、今回の出版はワニ・プラスの佐藤寿彦さんが決めて下さった。これは何とか書籍の形にしたかった企画。ちょうどイヴさんの96歳の誕生日位にでき上がるので、最高のプレゼントの機会を頂いた。

本の出版と同じ月に私はフランスで展示会をするので、今バリにいる。そんな私を見ていて皆が言うのだ。

「見違えるように元気になったね」と。

死ぬかもしれないから悔いのないようにと夢中で活動していたら、いつの間にか回復していた。沢山の仲間が亡くなったことを思えば幸運だったし、きっとラパン・アジルで「命の水」を味わえたからだと思う。

この本のタイトルになった「L'eau de vie」という言葉は、実は強いアルコールのことを指す。かつてアブサンを含む強いアルコールを呼んだこの名前が、現在の店で振舞われるチェリーブランデーに受け継がれている訳だ。フランス人には「強い酒」という意味でしかないようだけど、その響きから私は、『命の水』という意味を重ねずにいられなかった。

「「命の水」という意味を含ませるには、「L'eau de la vie」としなくては」と、フランス語のグレゴリー先生に教えられ、私と編集の安藝さんは悩んだ。

けれど、いつも店で聞いて耳になじんだ「L'eau de vie 」という言葉が私には自然だったし、「活力、すなわち命を吹き込んでくれる」から強い酒を指す言葉になったと思うので、このままタイトルとした。フランス語に詳しい方はご心配されたと思うが、最後にこれで納得頂けたらと思う。

私の旅はまずここで一段落するのだけれど、旅の終わりに私はまだフランスにいて、ここでしたいことが山盛りだ。

そんな私にイヴさんは言う。

「お前は大事な亭主が日本にいて、日本人じゃないか。自分の国に落ち着きなさい」

「でも」、と、私はイヴさんに言う。

「ラパン・アジルでもよく歌われるジョゼフィンベイカーの「Deux Amours」っていう曲があるでしょう？　2つの国を愛して、2の愛を生きたっていいじゃない？　私の場合の愛は恋人は主人だけでいいから、主人と表現、あるいは絵と歌ってことかもしれないど？」。

この本の出版で、病気になって仕事を失ったのち、主人と二人で歩み始めた12年に一つの終止符が打たれる。それは根を張るための場所を探して彷徨《さまよ》う旅だった。私の魂の彷徨は、ラパン・アジルに出会ったことで出口を見つけることになったのだ。

次の12年では日本とヨーロッパ両方に深く根を下ろせたらいい。落ち着いて絵を描き。自分にしか描けない絵を残せたらいい。

もちろん明日のことは誰もわからなくて、残された時間も保証されてはいない。でも、「明日死んでも後悔しないように」ということを羅針盤にすれば、多分大きくは間違わない。

死ぬことを意識した時、自ずと選び取るものは見えてくる。そうすることで、それぞれの人生の命の水も、さらに澄み渡り、味わい深いものになるのではないだろうか。

この本が皆さんの「命の水」になることを祈り、この本の種をまいてくれた沢山の皆さんに深く御礼申し上げて、筆をおこうと思う。そしてこの本を、私より先に旅だってしまった川島なお美さん、千葉はなさん、高山尚子さん、そして、横田滋さんに捧げたいと思う。できるなら1人でも親の世代の方がご存命のうちに、拉致問題が解決しますように。

2024年.5月29日

パリにて、さかもと未明

「ラパン・アジル物語」 2021年3月号～8月号『芸術新潮』にて初出
「命の水」～私を再生させてくれた場所～ 2024年書き下ろし

［ **参考文献** ］

『パリとカフェの歴史』 ジェラール・ルタイユール／著 広野和美、河野彩／訳 原書房
『図説呪われたパリの歴史』 ベン・ハバード／著 伊藤はるみ／訳 原書房
『図説フランスの歴史』 佐々木真／著 河出書房新社
『パリ歴史の風景』 饗庭孝男／編 山川出版社
『19世紀フランス光と闇の空間』 小倉孝誠／著 人文書院
『物語パリの歴史』 高遠弘美／著 講談社
『フランス文化史』 ジャック・ル・ゴフ他／著 桐村泰次／訳 論創社

［ **製作** ］

本文 ◉ さかもと未明 Mimei SAKAMOTO
写真 ◉ 水島優 Masaru MIZUSHIMA
（一部写真 さかもと未明 Mimei SAKAMOTO）
デザイン・地図作成 ◉ 冨田由比 Yui TOMITA
DTP ◉ 坂本芳子 Yoshiko SAKAMOTO
翻訳・フランス語読解協力 ◉ グレゴリー・フレーロ Gregory FLEUROT
資料整理・イラスト ◉ 深澤浩隆 Hirotaka FUKAZAWA
編集 ◉ 安藝哲夫 Tetsuo AKI
年表制作 ◉ さかもと未明 Mimei SAKAMOTO
ワニ・プラス編集部 WANI PLUS
取材協力 ◉ ラパン・アジル Au Lapin Agile
イヴ・マチュー Yves MATHIEU
フレデリック・トマ Frédéric THOMAS
ヴァンサン・トマ Vincent TRHOMAS

Special Thanks

新潮社 SHINCHOSHA
吉田晃子 Akiko YOSHIDA
日動画廊パリ Galerie Nichido Paris
長谷川崇子 Takako HASEGAWA
ヴァレリー・メンギニ Valérie MENGHINI
ホテル椿山荘東京 HOTEL CHINZANSO TOKYO
ル・ヴェプラー Le WEPLER
ムーラン・ルージュ Moulin ROUGE
ル・コック・エ・フィス Le Coq & Fils

さかもと未明 ✦ プロフィール

Mimei Sakamoto

1965年横浜生まれ。幼少期から親子関係に悩んだが、1989年主婦をへて漫画家デビュー。

2002年扶桑社『週刊 SPA!』で「ニッポンの未明」連載開始。社会派マンガ家として注目され、2006年には講談社より「マンガ・ローマ帝国 1~3」を一挙発売。産経新聞で連載開始。日本テレビでのコメンテイターなど多方面で活躍するが、難病である膠原病を複数発症。「余命五年」と宣告される。

2010~2016年の病状悪化、休業のさなかに現在の夫と結婚。応援をえて、手が動かない時期に歌手活動を開始。2017年には吉井画廊で画家デビュー、この年にラパン・アジルに出会う。

2018年バチカンの聖マリア・マッジョーレ大聖堂で拉致被害者の帰国を祈り「青い伝説」を歌唱。ホテル椿山荘東京での個展を経て、 2020年日仏現代美術世界展で「Montmartre」が入選。

2021年「ラパン・アジル物語」を芸術新潮（新潮社）で連載、「Bateau l'avoir」でサロン・ドトーヌ入選、パリの Espace Sorbonne4で個展。以降毎年、パリ国際サロン、日仏現代美術世界展などの常連出品者として日仏を往復、制作や執筆を続けている。

公式 HP　http//www.sakamotomimei.jp

公式動画サイト　https://www.youtube.com/@user-ik5ju7zh7s
Facebook　https://www.facebook.com/MimeiSakamoto

命の水
モンマルトル——ラパン・アジルへの道

2024年7月10日　初版発行

著　　者　さかもと未明
発 行 者　佐藤俊彦
発 行 所　株式会社ワニ・プラス
〒150-8482　東京都渋谷区恵比寿4-4-9　えびす大黒ビル7F
発 売 元　株式会社ワニブックス
〒150-8482　東京都渋谷区恵比寿4-4-9　えびす大黒ビル
ワニブックスHP　https://www.wani.co.jp
（お問い合わせはメールで受け付けております。HPから「お問い合わせ」にお進みください。）
※内容によりましてはお答えできない場合がございます。

印刷・製本所　中央精版印刷株式会社

ISBN978-4-8470-7460-8